우리는 통계 삼총사

교과연계	
4-1 수학	6. 막대그래프
4-2 사회	2. 사회 변화와 우리 생활
5-2 도덕	6. 인권을 존중하는 세상
5-2 수학	6. 자료의 표현
6-2 수학	4. 비율 그래프

우리는 통계 삼총사

1판 1쇄 발행 | 2017. 12. 6.
1판 2쇄 발행 | 2018. 4. 27.

박진숙 글 | 이예숙 그림

발행처 김영사 | **발행인** 고세규
편집 고영완 | **디자인** 김순수
등록번호 제 406-2003-036호 | 등록일자 1979. 5. 17.
주소 경기도 파주시 문발로 197 (우10881)
전화 마케팅부 031-955-3100 | 편집부 031-955-3113~20 | 팩스 031-955-3111

© 2017 박진숙, 이예숙, 통계청
이 책의 저작권은 저자에게 있습니다. 저자와 출판사의 허락 없이 내용의 일부를
인용하거나 발췌하는 것을 금합니다.

값은 표지에 있습니다.
ISBN 978-89-349-7955-5 73310

좋은 독자가 좋은 책을 만듭니다. 김영사는 독자 여러분의 의견에 항상 귀 기울이고 있습니다.
독자의견전화 031-955-3139 | 전자우편 book@gimmyoung.com
홈페이지 www.gimmyoungjr.com | 어린이들의 책놀이터 cafe.naver.com/gimmyoungjr

이 도서의 국립중앙도서관 출판시도서목록(CIP)은 서지정보유통지원시스템
홈페이지(http://seoji.nl.go.kr)와 국가자료공동목록시스템(http://www.nl.go.kr/kolisnet)에서
이용하실 수 있습니다. (CIP제어번호 : CIP2017029588)

어린이제품 안전특별법에 의한 표시사항
제품명 도서 제조년월일 2018년 4월 27일 제조사명 김영사 주소 10881 경기도 파주시 문발로 197
전화번호 031-955-3100 제조국명 대한민국 ⚠주의 책 모서리에 찍히거나 책장에 베이지 않게 조심하세요.

우리는 통계 삼총사

박진숙 글 | 이예숙 그림

주니어김영사

> 추천의 글

전국 학생 통계 대회에
도전하세요

    어린이 여러분 안녕하세요? 여러분 중에는 통계를 전혀 모르거나, 통계에 대해 좀 더 알고 싶어 책을 펼친 친구들도 있겠지요? 어떤 이유이건 간에 이 책을 읽으려고 마음먹은 것은 탁월한 선택입니다.

    통계청에서는 어떻게 하면 어린이 친구들에게 쉽고 효과적으로 통계를 알려 줄 수 있을까 노력하고 있답니다. 이 책에 나오는 "전국 학생 통계 활용 대회" 역시 그러한 노력의 일환이랍니다. 또한 2018년도부터 개정된 수학 교과서에 통계 패키지(통그라미)를 수록해서 통계를 실생활에 활용하도록 하고 있답니다. 통그라미는 실용 통계 교육 방향에 맞춰 학생이 생활 속에서 직접 자료를 수집하고 처리함으로써 즐거움을 느끼고 배울 수 있도록 도움을 주는 실용 통계 프로그램이에요. 실생활 속에서도 통계 방법을 익히는 것은 점점 중요해지고 있지요. 이 책은 그러한 의미에서 좋은 참고 도서가 될 겁니다.

    첫 번째 동화《어린이를 위한 통계란 무엇인가?》란 책이 생활 속 작은 문제들도 통계를 통해 해결할 수 있다는 것을 보여 줬다면, 이번에 출간된《우리는 통계 삼총사》는 학생들이 직접 사회적으로 주목을 받고 있는 이슈들을 통계를 활용한 조사 과정을 거쳐 좀 더 객관적으로 판단하는 과정을 자세하게 소개합니다. '비만과 학업 성적의 관계'처럼 아이들에게 직접 와 닿는 문제부터, '여성의 사회 고위직 진출에 대한 인식'이라는 다소 거창한 주제, 그리고 우리 사회의 어두운 단면을 들여다볼 수 있는 '피부색에 대한 편견'까지, 이러한 다양한 주제들은 지금 이 시대에 참 필요한 생각거리입니다.

이 책에 나오는 아이들은 설문 조사 계획을 세우고, 설문지를 만들어 설문 조사를 하고, 설문 내용을 분석해 막막했던 조사를 마치고 결론을 이끌어 냅니다. 그 과정에서 친구의 아픔을 이해하고 나와 다른 친구들을 감싸 안습니다. 통계가 가져다주는 또 하나의 힘이라고 생각합니다.

이 이야기는 가상으로 쓰였지만 전국 학생 통계 활용 대회는 실제로 해마다 열리고 있으며, 거의 이십 여 년째 이어져 오고 있습니다. 관심이 있는 친구들은 통계청 홈페이지(http://kostat.go.kr)에서 도전해 보세요. 이 책에 나오는 친구들처럼 상을 탈 수 있을지 누가 알겠어요?

아무쪼록 많은 어린이들이 통계와 친구가 되어 더욱 지혜롭고 현명하며 합리적인 생각을 키워 나가길 바랍니다.

통계청장 황수경

차 례

추천의 글 4

뚱뚱한 애들은
공부를 못해! 9

특명!
교내 대회를 접수하라 18

누나, 헬프 미! 26

가장 좋아하는
사탕은? 38

편견을 키우십니까? 52

설문 조사 대첩 68

전국 대회에 도전! 89

통계는 아름다워 114

저자의 말 130

뚱뚱한 애들은 공부를 못해!

터벅터벅.

민준이가 잔뜩 풀이 죽은 모습으로 교실에 들어섰다. 태용이가 조르르 달려와 놀리듯 말했다.

"어제 경기 봤지? 두산이 완전히 죽 쑤더라. 역시 야구는 기아가 최고야."

"야, 뭐라고? 너 말 다 했어? 한국 시리즈 연속 2회 우승 팀을 뭘로 보는 거야?"

"작년은 작년이고, 올해 잘했어야지. 작년 우승은 아무것도 아냐!"

"이게 그냥! 뚱띵이 너 말 다 했어?"

둘이 야구 경기 결과를 두고 옥신각신 언성을 높이는 사이, 담임 선생님이 교실로 들어왔다.

"어어, 무슨 일인데 아침부터 이렇게 시끄럽지? 김민준하고 정태용, 앞으로 나와."

민준이는 여전히 씩씩거리며 교탁 앞으로 나갔다. 뚱띵이 소리를 들은 태용이도 얼굴이 잔뜩 일그러져 있었다.

"듣자하니 야구 얘기 하는 것 같던데, 야구광인 선생님을 빼고 야구를 논하면 안 되지."

"선생님, 이 뚱띵이가 대 두산을 우습게 보잖아요. 어제 경기 한 번 졌다고 말이에요."

"한 번 아니잖아. 요새 3연패야. 주전 투수의 방어율도 엄청 떨어졌을걸."

두 아이가 교탁 앞에 나와서도 누그러질 기세 없이 서로 으르렁대자 선생님 목소리도 높아졌다.

"민준, 태용. 선생님 앞인데 너무 버릇이 없네. 그리고 민준이는 왜 자꾸 태용이를 뚱띵이라고 부르지? 야구 얘기로 시작했으면 야구 얘기로 끝내야지, 남의 외모를 갖고 놀리는 건 신사답지 못한 것 같은데. 어떻게 생각하니?"

부드럽고도 단호한 목소리였다. 민준이는 그때까지도 분위기 파악을 못 하고 한마디 덧붙였다.

"뚱뚱한 애들은 대부분 공부도 못하잖아요. 근데 야구로 잘난 척 하니까 화가 났어요."

"뚱뚱하면 공부 못한다고 누가 그래? 어느 법에 나와 있어?"

"너희 둘 다 반성하는 기색이 없구나. 선생님이 벌로 과제를 내주 겠어. 일단 들어가 앉아."

선생님의 말에 민준이와 태용이는 갸우뚱하며 자리로 돌아가 앉 았다.

"자, 여러분. 여기 주목해 주세요. 민준이랑 태용이가 오늘 야구 경기를 가지고 싸웠어요. 어떤 팀을 너무 좋아하다 보면 그럴 수도 있죠. 하지만 경기는 경기로 끝나야지 서로 모욕적인 말을 주고받 는 지경까지 가는 건 안 좋아요."

선생님은 그 두 아이를 번갈아 보며 말했다.

"그건 그렇고, 야구에 대해 우리 학교에서 선생님보다 잘 아는 사 람이 없을 것 같은데. 번데기 앞에서 주름잡는 격이군. 민준이 태 용이, 안 그래?"

둘은 그제야 고개를 숙이며 반성하는 기미를 보였다. 선생님은 어깨를 으쓱하며 반 전체를 향해 말을 이어 갔다.

"야구는 '통계의 꽃'이라 불릴 정도로 여기저기에 통계가 많이 쓰 여요. 야구를 좋아하다 보니 나는 통계에도 관심이 많아졌지요. 마 침 이번에 우리 학교에서 통계 대회를 열어요. 그래서 말인데, 이번 통계 대회에 우리 반에서 세 팀 정도 나갔으면 해요. 야구 마니아인 내 명예를 걸고 교내 대회에서 입상하도록 적극 지원할 겁니다."

아이들이 서로 쳐다보며 웅성거리기 시작했다. 대부분의 아이들은 이게 웬 날벼락이냐는 얼굴이었고, 몇몇은 의미심장한 미소를 지어 보였다.

"한 팀은 이미 정해진 것 같은데? 민준이와 태용이는 꼭 한 팀이 되어야겠어. 주제도 자연스럽게 정해진 셈이야. '비만과 학업 성적의 관계', 어때 근사하지? 이게 벌이야. 잘하면 상이 될 수도 있고."

선생님의 말에 대각선으로 앉은 민준이와 태용이는 얼이 빠진 모습으로 서로 마주 보았다. 야구 경기로 말다툼 좀 한 것뿐인데 졸지에 통계 대회 참가라니. 둘 다 차라리 벌점을 받는 게 낫겠다는 표정이었다.

선생님의 말이 이어졌다.

"한 팀은 세 명으로 구성하면 됩니다. 이번 주 금요일까지 신청받을 테니 많이들 신청하세요. 민준이와 태용이는 한 명 더 보충해서 신청하도록! 자, 오늘 아침 조회는 여기까지."

선생님이 교실을 나가자마자 여기저기서 앓는 소리가 들렸다.

"어휴, 통계가 도대체 뭐야?", "나는 학원 숙제 하기도 벅차다고.", "통계 그거, 대학 가는 데 도움은 되는 건가?"

별의별 투정과 추측이 나오는 가운데 예은이가 기진이에게 슬쩍

다가갔다.

"성기진, 너 숫자 잘 다루지? 그냥 탁 보면 수학 문제의 답을 안다며? 너 나랑 팀 꾸리지 않을래?"

흠칫 놀란 기진이가 예은이를 뚫어져라 쳐다봤다. 예은이가 과학을 좋아한다는 건 알고 있었지만 평소에 말도 잘 안 하고 지내는 사이라 갑자기 말을 걸어오니 기진이는 적잖이 당황스러웠다.

반에서 기진이와 가깝게 지내는 친구는 거의 없었다. 그저 '숫자 괴물'이라고 놀리거나 가끔 어려운 수학 문제나 물어보는 정도일 뿐이었다.

"어, 어. 나도 생각이 없진 않은데, 나랑 같이 팀을 만들자고? 근데 왜 하필 나야?"

"말했잖아. 내가 알기로 우리 반에서 너만큼 숫자에 밝은 애가 없고, 그건 사실이니까. 아무래도 좀 유리할 것 같아서."

야무지게 답하는 예은이 앞에서 기진이는 기가 살짝 죽었다. 하지만 은근 기분이 좋아졌다. 예은이도 친구가 많지 않고, 주로 과학책을 보며 혼자 노는 편이라 은연중에 '같은 족속'이라고 느끼던 참이었다.

"그, 그래. 생각 좀 해 볼게. 내일까지 시간을 줘."

기진이는 속으론 당장 그러자고 하고 싶었지만 자존심을 세우느라 하루 말미를 벌었다. 예은이가 그러라며 흔쾌히 답하고 자리로 돌아가자 기진이는 예은이 쪽을 힐끗 쳐다보며 미소를 지었다.

교실 뒤쪽에서 나는 웅성거리는 소리 가운데 윤서의 목소리가 제일 컸다.

"얘들아, 들었지? 세 명이야. 나랑 같이 팀 꾸릴 사람? 미리 밝혀 두는 건데 난 '여성의 사회 고위직 진출'에 대해 조사할 거야. 이 분야에 관심 있는 사람 있으면 나한테 붙어."

당차고 또렷한 어투였다. 전교 1, 2등을 놓치지 않는 윤서는 판사가 꿈이었다. 그냥 일반 판사가 아니라 대법원장까지 올라가고 싶다며 포부를 밝히고 다녔다. 엄마가 유명 대학교의 교수여서 그런지 윤서는 여성의 사회 진출에 누구보다 관심이 많고 적극적이었다.

"나를 빼 놓으면 안 되지. 윤서야, 같이 하자."

혜언이가 번쩍 손을 들었다. 혜언이 역시 똑똑하고 당찬 스타일로, 반에서 늘 상위권을 차지하는 아이였다. 벌써부터 윤서 팀에서 쟁쟁한 기운이 느껴졌다.

"오케이. 좋았어. 나머지 한 명은 남자였으면 좋겠는데. 주제가 여성의 사회 고위직 진출이라고 해서 셋 다 여자면 모양새가 좀 안 좋잖아. 남자 지원자 누구 없어?"

윤서와 혜언이의 당당한 기세에 눌린 모양인지 남자애들은 쥐 죽은 듯 조용했다.

"노 바디? 아직 시간이 있으니 직접 섭외해야겠네."

윤서는 마음을 꿰뚫을 것 같은 시선으로 애써 시선을 피하는 남자애들을 한 바퀴 훑어보았다.

교실이 온통 통계 대회 이야기로 북적이는 동안, 뒷문 쪽에 앉은 까뭇까뭇한 피부의 호준이가 기진이와 예은이 쪽을 은근히 바라보고 있었다. 두 아이처럼 호준이도 반에서 친하게 지내는 친구가 거의 없었다.

특명!
교내 대회를 접수하라

금요일 아침이 밝았다. 교내 통계 대회 접수 마감일이 되자 5학년 2반이 유난히 들썩거렸다. 기진이 팀은 이미 팀 구성을 마친 지 오래고 민준이 팀도 어제 한 명을 마저 채웠다.

입이 거친 게 탈이기는 하나 호탕한 성격에다 키가 훤칠한 민준이는 반에서 인기가 높았다. 평소에 민준이를 좋아하던 여자아이 몇 명이 같이 하겠다고 경쟁을 벌였다. 민준이는 으스대며 그 애들 중에서 제일 글을 잘 쓰는 희연이를 팀원으로 뽑았다.

문제는 윤서 팀이었다. 나머지 팀원으로 남자를 찾았는데 선뜻 지원하는 아이가 없었다. 고민 끝에 윤서는 직접 팀원 섭외에 나서기로 했다.

"안시후, 너 통계 대회에 관심 없어? 야구도 진짜 좋아한다며?"

윤서가 슬쩍 초코바를 내밀며 시후에게 접근했다.

"야구 좋아하지. 하지만 통계 대회는 관심 없어. 아니 관심 있어도 못 해. 내가 얼마나 바쁜 줄 아니? 밤 12시까지 학원 숙제를 해도 모자랄 판이야. 쓸데없는 데 시간 뺏기기 싫다고. 게다가 너희 팀은 주제가 '여성의 사회 고위직 진출'이라며? 노 땡큐올시다."

고개도 돌리지 않고 대꾸하는 시후가 얄미웠지만 쉽게 물러날 윤서가 아니었다.

"네가 잘 모르나 본데, 이번 통계 대회는 교내 대회잖아. 나중에 대학에 갈 때도 입상 경력이 유리하게 작용할 수 있어. 통계 잘 배워 두면 여러 가지로 도움이 되지 않겠어? 수학 실력 향상에도 도움이 되고, 논리적 사고력이 높아져 논술 준비에도 도움이 된다고."

'입상 경력'이니 '논술 준비'니 하는 단어들이 귀에 꽂혔는지 시후가 움찔하며 윤서 쪽으로 몸을 돌렸다.

"너 그거 장담할 수 있어? 없는 시간 쪼개 대회까지 나갔는데, 얻는 게 없으면 쪽박 차는 거라고."

"그럼 그럼. 애가 속고만 살았나. 담임 선생님도 적극 신청하라고 했잖아. 기억나지?"

"그건 그렇지. 그럼 난 딱 내가 맡은 부분만 할 거니까 무리한 요구는 하지 마."

부글부글 끓는 속을 가라앉히고 윤서는 억지로 미소를 지으며 답했다.

"걱정 마. 역할 분담 정확히 할 거야."

그때 담임 선생님이 문을 열고 들어왔다. 윤서는 초코바를 시후 책상에 던지듯 놓고 자리로 돌아갔다.

"시끌시끌하네요. 오늘이 교내 통계 대회 마감일인 거 다들 알죠? 선생님이 지원서를 가져왔어요. 팀원 세 명을 다 구성한 팀은 나와서 지원서를 받아가도록."

선생님의 말이 떨어지기가 무섭게 민준이, 윤서, 기진이가 교탁 앞으로 달려 나왔다. 평소 행동이 느린 기진이도 이번만은 달랐다.

"워워, 왜들 이러시나? 접수 빨리 한다고 일등 하는 거 아니니까 진정들 하길. 자, 한 장씩 나눠 줄 테니 팀원 이름과 주제를 적어서 점심시간 전까지 내도록 해요. 주제들 정했죠?"

민준이의 얼굴에는 여유가, 윤서의 표정에는 비장함이 넘쳤다. 기진이는 긴장한 기색이 역력했으나 불끈 쥔 오른쪽 주먹에서 굳은 각오가 느껴졌다.

점심을 먹는 둥 마는 둥 하고 아홉 명의 아이들이 세 명씩 짝을 지어 모였다. 통계 대회 신청서를 작성하기 위해서였다. 막상 지원서를 낸다고 하니 몇몇 아이들은 망설였다. 의외로 기진이 팀이 가장 빨리 작성을 마쳤다.

"내가 적을게. 기진, 호준! 이의 없지? 글씨는 내가 좀 더 나은 것 같으니까."

예은이가 검정색 볼펜을 들고 시원하게 써 내려갔다. 기진이와 호준이는 덤덤한 표정으로 서 있었다. 주제란을 적다 예은이가 두 사람을 올려다보며 물었다.

"'편견은 어디에서 오는가?' 이거 너무 소설 제목 같지 않니? 좀 더 그럴듯하게 써야 할 것 같은데. 뭐가 좋을까? 뭐 좋은 의견 없어?"

"글쎄, 편견의…… 원인 조사? 이 정도면 되려나?"

기진이가 유난히 느린 말투로 자신 없는 듯 말하자, 호준이가 덧붙였다.

"우선 그렇게 하자. 선생님이 보고 의견을 보태 주실 수도 있지."

영어 억양이 약간 섞인 말투로 호준이가 상황을 정리했다. 예은이는 고개를 까딱이더니 빈칸을 채워 신청서를 교탁에 반듯하게 올려놓았다.

민준이 팀과 윤서 팀은 지원서를 쓰는 데 시간이 더 걸렸다. 여전히 민준이와 태용이 사이에 긴장감이 흘렀고 서로 으르렁거렸다.

"김민준, 선생님이 하라니까 하긴 하는데 너랑 나랑 끝까지 잘 갈 수 있겠냐?"

"정태용, 왜 시작도 하기 전에 기운 빼고 난리냐? 끝까지 가고말고. 난 상까지 탈 생각이니 너도 적극 협조해라."

"얘네 또 으르렁거리네. 팀워크가 좋아도 이길까 말까인데 말이야. 잘해 보자고!"

혜연이가 민준이와 태용이의 어깨를 두르며 호탕하게 말하자 두 남자아이는 민망한 듯 슬쩍 웃어 보였다.

윤서는 혹시나 그 사이에 시후의 마음이 변했을까 봐 조마조마했다. 역시나 시후는 뚱해 있었다.

"자, 이름 적는다. 시후 너 몇 번이지?"

"5번. 근데 진짜 해도 되려나?"

"'남아일언중천금' 모르냐? 한번 뱉은 말은 지켜야지."

혜언이가 한자어까지 대가며 거들자 시후는 곧 입을 꾹 다물어 버렸다.

"주제는 알지? 여성의 사회 고위직 진출에 대한 인식 조사."

"당근이지!"

혜언이랑 윤서는 죽이 딱딱 맞았다. 요즘 유행하는 '걸 크러시'라는 말이 어울리는 여성 듀오였다. 시후가 옆에서 보일 듯 말 듯 입을 조금 삐죽거렸다.

세 개의 지원서가 교탁에 나란히 놓였다. 이로써 선생님의 바람대로 5학년 2반에서 세 팀이 교내 통계 대회에 지원하게 되었다. 점심시간이 끝나는 음악이 흘러나오자 선생님이 들어왔다.

"오! 아주 좋아요. 민준이 팀, 윤서 팀, 기진이 팀 이렇게 세 팀이 지원했군요. 어디 보자, 주제가 그러니까……."

선생님은 주제란을 들여다보았다.

"오, 주제들도 아주 괜찮네요. 수정이 조금 필요한 팀도 있어 보입니다만 유익한 주제들이에요. 그럼 세 팀은 다음 주 월요일까지 조사 계획을 세워 제출하도록."

선생님 말대로 세 팀이 신청하자 선생님은 연신 싱글벙글거렸다. 그와는 반대로 조사 계획을 제출하라는 말을 들은 아홉 명의 아이들은 영 다른 얼굴빛이었다. 민준이 팀은 서로 눈을 맞추며 '뭐지?' 하는 표정을 지어 보였다.

기진이와 예은이, 호준이도 살짝 당황했지만 곧 편안한 얼굴로 바뀌었다. 윤서와 혜언이는 '어떻게?' '아냐, 할 수 있어.'라며 작은 소리로 서로를 안심시켰다. 예상대로 시후는 아주 난감해하며 얼굴을 일그러뜨렸다.

오후 수업을 마친 후 아이들은 자연스럽게 세 명씩 짝을 지어 모였다. 조사 계획을 세울 다음 시간을 정하기 위해서였다. 방과 후

일정이 각각 다르다 보니 쉬는 시간이 다 가도록 모임 시간 잡기가 쉽지 않았다. 민준이네 팀에서는 잠시 목소리가 높아지기도 했다. 아이들은 주말에 한두 시간을 내서 모이기로 하고 각자 자리로 뿔뿔이 흩어졌다.

누나, 헬프 미!

토요일 아침, 기진이는 고민에 빠졌다. 조사 계획서를 써 내려고 보니 통계에 대해 아는 게 하나도 없었다. 인터넷 검색 창에 '통계 조사'를 쳐봤더니, 이런 설명이 떴다.

통계 조사: 어떤 대상의 여러 성질을 통계에 의해 수량으로 파악하려고 하는 조사

아무것도 해결되지 않았다. 다음에는 '통계'라고 검색해 보았다.

통계: 수집된 자료를 정리하고 그 내용을 특징짓는 수치를 산정하여

일정한 체계에 따라 숫자로 나타냄.

그나마 이해하기가 조금 더 쉬웠다.

"수집된 자료를…… 수치를 산정하여…… 일정한 체계에 따라…… 숫자로 나타낸다."

기진이는 눈으로 읽은 것을 천천히 입으로 다시 한 번 되뇌었다. 모르는 단어는 하나도 없건만 막막하기는 매한가지였다. 어떻게 자료를 수집해야 할지, 어떻게 수치를 산정하고 숫자로 나타내라는 건지 뜬구름 잡는 이야기 같았다.

"으으으, 모르겠어."

기진이는 머리를 쥐어뜯으며 찬물을 마시러 부엌으로 향했다.

그때 누나가 늘어지게 하품을 하며 부엌 쪽으로 왔다. 대학생이 된 후로 너무 바빠 집에서 얼굴을 보기 힘든 누나였다. 그냥 지나가려는데 누나가 말을 걸었다.

"우리 막내, 왜 머리를 쥐어뜯고 있어? 학교에서 또 뭐 안 좋은 일 있었어?"

"'또 뭐 안 좋은 일?' 나는 뭐 만날 당하고 사는 줄 알아?"

기진이는 말이 곱게 안 나왔다. 가뜩이나 머리가 아픈데 자존심까지 상하는 것 같았기 때문이었다.

"얘가 왜 이리 예민해? 그럼 뭔데? 누나가 도와줄 수 있는 걸지

도 모르잖아."

괜히 뾰족하게 군 게 미안해서 기진이는 누그러뜨린 말투로 이야기를 털어 놓았다.

"그게 그러니까…… 학교에서 통계 대회를 하거든. 친구 두 명이랑 같이 신청했는데 월요일까지 조사 계획서를 써 가야 해. 근데 뭐가 뭔지 전혀 모르겠어."

기진이는 자신도 모르게 울음 섞인 목소리로 칭얼대며 말했다. 누나가 챙겨 주니까 어릴 때처럼 응석을 부리고 싶은 마음이 들었다.

"아, 그거였어? 얘는! 내가 누구니? 누나 응용통계학과 다니는 여자야. 이럴 때 써 먹어야지. 누나 뒀다 뭣에 쓸래?"

뒤통수를 한 대 맞는 느낌이었다. 기진이는 누나가 통계를 전공한다는 사실을 까맣게 잊고 있었다.

"아, 맞다! 누나 시간 돼? 헬프 미! 나 좀 도와줘."

누나는 귀엽다는 듯 기진이 뒷머리를 한 번 쓰다듬고는 식탁에 앉았다.

"자, 그럼 시작해 볼까? 일단 너희가 정한 주제가 뭐야?"

"응, '편견은 어디에서 오는가?'로 했다가 '편견의 원인 조사'로 바꿔 적어냈어."

기진이는 바짝 의자를 끌어당기며 누나에게 살갑게 굴었다.

"편견이라……. 너무 범위가 넓지 않니? 편견은 선입견, 고정관념이라고도 부르는데, 가장 먼저 해야 할 일은 편견에 대한 정의를 내리는 거야. 편견이 무슨 뜻인지 개념을 정하는 일이야."

기진이가 고개를 끄덕이며 집중하자 누나는 말을 이어 갔다.

"내 생각엔 편견에 대한 조사는 이미 많이 이루어졌을 거야. 사회적으로 관심이 많은 주제잖아. 근데 말이지, 편견에도 여러 종류가 있지 않겠어?"

"편견이면 편견이지, 편견에 종류가 있다고?"

기진이는 다시 아리송해지기 시작했다.

"무슨 말이냐면, '대상'을 정해야 한다는 거지. 누구에 대한 편견이냐 하는 거야. 예를 들어, 장애인에 대한 편견, 한 부모 가정 자녀에 대한 편견, 이런 식으로."

"아하, 그런 말이었어?"

"너희 팀이 어떤 대상이 겪는 편견에 관심이 있는지 먼저 범위를 좁혀야 할 거야. 세상 모든 편견을 다 조사할 수는 없잖아. 그치?"

기진이는 누나가 쉽게 설명해 주니 점점 이야기에 빠져들었다.

"그런 다음에는 자료 조사를 해야 해. 그 주제에 관해 누가 먼저 조사한 내용이 있는지를. 요즘에는 공개되어 있는 자료가 많아서 반나절만 인터넷을 뒤져도 무료 자료를 상당히 얻을 수 있어. 문제는 너희가 그걸 읽어 낼 수 있느냐는 거지.”

“뭐래? 나 이래봬도 반에서 책 많이 읽기로 유명하다고.”

괜히 울컥해서 친한 친구들끼리 쓰는 말을 누나한테 해 버렸다. '누나가 도와주는 건데 좀 참을걸' 싶었다.

“워워, 진정하고. 너 책 많이 읽는 거야 알지. 하지만 통계라는 게 마치 암호와 같아서 자료를 읽으려면 기본 지식이 필요해. 음, 어쩐다? 어린이들이 이해할 만한 쉬운 통계 자료가 있으려나.”

“일단 끊지 말고 계속해서 이야기해 봐. 자료 조사를 한 후에는 어떻게 해야 해?”

기진이는 세부 설명보다 전체 과정을 파악하는 일이 더 먼저다 싶어 누나를 재촉했다.

“설문지를 만들어야지. 그 다음에는 샘플, 그러니까 조사 대상자를 구해서 설문지를 돌려 조사가 다 끝나면 코딩을 해서 분석한 후에 해석하면 끝.”

“잠깐만. 설문지를 돌려서 조사하는 것까지는 이해했는데 코딩은 또 뭐야? 무슨 암호화하는 거야?”

“하하하, 암호화라고? 맞는 말이네. 통계 프로그램이 있어. 거기다 입력을 하면 값이 다 나와. 아마 너희 수준에서는 가장 간단한 통계 프로그램을 돌리면 될 거야."

누나는 설명을 마친 후 흡족한 미소를 지었지만 기진이는 생각이 많아졌다.

"그럼, 누나가 그 통계 프로그램 갖고 있어? 나도 배워서 쓸 수 있는 거야?"

"당연히 갖고 있지. 필요하다면 가르쳐 줄 수 있어. 너는 숫자를 잘 이해하니까 며칠만 배우면 간단한 건 금방 돌릴 수 있을 거야. 하지만 초등학교 통계 조사 수준에서는 굳이 통계 프로그램까지 안 써도 될 거야."

그제야 기진이는 안심이 되었다. 안도의 한숨을 내쉬는 동생이 귀여웠는지 누나가 찡긋 윙크를 하고는 자기 방으로 들어갔다.

기진이는 식탁에 혼자 남아 누나에게 들은 내용을 잊지 않으려고 노트에 적기 시작했다. 입으로 중얼중얼하며 빠짐없이 적어 나갔다. 어느 하나 쉬워 보이지 않았지만 일단 과정을 파악했다는 것 자체가 만족스러웠다. 적어도 이제 조사 계획은 세울 수 있을 것 같았다. 오랜만에 씩 입꼬리를 올리고 웃었다. 시작도 안 했는데 어느새 통계가 재미있어지기 시작했다.

일요일 오후 3시, 약속대로 셋은 예은이네 집에서 모였다. 기진이는 유치원 때 이후로 친구 집을 방문하는 게 처음이라 어색했다. 호

편견에 대한 개념 정하기 ⇒ 조사 대상 정하기 ⇒ 자료 조사 ⇒ 설문지 작성하기 ⇒ 설문지 돌리기 ⇒ 코딩 ⇒ 자료 분석 ⇒ 자료 해석

준이도 식탁 의자에 앉아 애꿎은 손톱만 잘근잘근 물어뜯었다.

"기진이라고 했나? 너는 호준이? 만나서 반갑다. 예은이가 간만에 집에 친구들을 데려왔네. 그것도 남자 친구들을 둘이나."

예은이 엄마는 인상 좋은 얼굴로 싱글벙글 웃으며 주스를 따라 줬다.

"엄마! 남자 친구 아니라고! 남자 사람 친구야."

"그래, 알았어. 남자 사람 친구. 요즘 줄여서 남사친이라고 한다지? 엄마는 방에 가 있을 테니 편하게 할 것들 해."

엄마가 방으로 들어가자 호준이가 낮은 소리로 말했다.

"너네 엄마 친절하시다. 남사친이라는 말도 아시고 대단하시네. 나에 대해 아무것도 안 물으시고. 보통 한국 사람들은 이것저것 물어보거든. 어디서 왔느냐, 언제 왔느냐, 엄마가 외국인이냐 그런 거 말이야."

"울 엄마가 좀 '쿨'한 편이지. 나한테 공부 잔소리도 잘 안 하셔. 하고 싶은 거 하라고 그러시고."

호준이에게 엄마 칭찬을 들으니 예은이는 싫지 않은 듯했다.

"그건 그렇고, 너희 조사 계획 좀 세워 봤어? 난 거의 못 했어. 인터넷을 뒤져 봐도 당최 무슨 말인지 모르겠더라고."

"나도 마찬가지야. 아빠랑 엄마도 통계 쪽은 잘 모른다며 괜히 미안해하시더라. 너는 어때, 기진아?"

예은이랑 호준이가 난감해하며 기진이를 바라봤다. "제발, 너만은……" 이렇게 말은 안 해도 눈길이 말을 건네고 있었다.

"흠흠, 나도 처음에는 당황스러웠는데 누나가 구세주처럼 나타나 도와줬어. 알고 보니 우리 누나, 응용통계학과더라고."

"진짜야? 대박!"

두 친구가 손뼉을 치며 반기자 기진이는 멋쩍은 듯 뒤통수를 긁적이며 공책을 펼쳤다.

"집안 이야기는 나중에 하고, 누나가 설명해 준 대로 읽어 볼게. '편견에 대한 개념 정하기, 조사 대상 정하기, 자료 조사, 설문지 작성하기, 설문지 돌리기, 코딩, 분석, 마지막으로 해석.'"

"천천히 설명해 봐. 빨리 읽으니까 아무것도 모르겠어."

호준이가 곤란하다는 표정을 지었다.

"아, 미안. 내가 이해한 대로 설명해 볼게. 우리 팀은 '편견의 원인 조사'를 하기로 했잖아? 누나 말로는 막연히 편견이라고만 하면 너무 범위가 넓대. 어떤 편견, 그러니까 어떤 사람에 대한 편견인지를 정하고, 그 분야에 대한 연구를 찾아본 후에 설문지를 작성하라는 거지. 그 다음엔 설문지 돌릴 사람들을 정하고 받은 설문지를 분석하는 식으로 진행……."

"잠깐만. 너 아까 코딩이라고 하지 않았어? 우린 그런 거 모르잖아. 컴퓨터로 프로그램 짜는 그런 코딩을 말하는 거야? 짧은 시간에 그걸 언제 배워서 대회에 나가니?"

성격이 급한 예은이는 절망스러운 표정으로 숨도 안 쉬고 질문을 해 댔다.

"아, 그거? 안 그래도 누나한테 물어봤는데 이미 프로그램은 다 있대. 근데 초등학교 통계 조사 수준에서는 굳이 안 써도 될 거래."

"진짜? 콜!"

언제 그랬냐는 듯 예은이가 함박웃음을 지어 보였다. 기진이는 잠깐 생각했다. '쟤가 저렇게 활짝 웃을 때도 있었나?'

"문제는 편견의 범위를 좁히는 건데…… 어떤 편견으로 정하지? 예를 들어 여성에 대한 편견, 장애인에 대한 편견, 다문화 가정 아동에 대한 편견……."

기진이는 말끝을 흐리며 호준이를 곁눈질로 보았다. 아니나 다를까 호준이가 시선을 떨어뜨렸다. 잠시 침묵이 흐른 후 기진이가 자신의 의견을 밝혔다.

"난 마지막 거, 다문화 가정 아동에 대한 편견에 관심이 가. 난 다문화 가정이라는 말이 싫어. 여기서 '다(多)'자는 많다는 뜻 아냐? 많은 문화면 좋은 건데 왜들 꺼리고 차별하는지 모르겠어. 피부가 까말수록 더 싫어해. 다문화 가정이라는 말 대신 그냥 외국인에 대한 편견이라고 하면 어떨까?"

기진이와 예은이는 고개를 갸우뚱했다. 두 단어가 같은 건지 다른 건지 헷갈렸다.

"정리할 필요가 있겠다. 헷갈려. 다문화 가정, 외국인, 이주민, 이주 여성. 비슷비슷한 말이 너무 많은 것 같아. 어쨌든 주제를 이쪽으로 정하는 건 다들 괜찮은 거야?"

예은이가 먼저 입을 떼며 호준이의 안색을 살폈다.

"이렇게 된 거 해 보지 뭐. 나도 결과가 궁금하니까."

기진이는 한시름 놓았다는 듯 '휴' 하고 숨을 크게 내쉬었다. 호준이가 설문 조사의 대상이기도 해서 눈치가 보였기 때문이었다.

"그럼 이제 역할 분담을 해야 해. 자료 조사할 사람, 설문지 작성할 사람, 설문지 돌릴 사람 등등."

"내가 보기엔 다 연결되어 있는 작업인 것 같아. 나눠서 하는 것보다는 다 같이 하는 게 낫지 않을까? 어차피 설문지도 같이 돌려야 할 것 같은데 말이지."

기진이의 말에 예은이가 다른 의견을 내놓았다.

"내 생각도 그래. 다 같이 조사도 하고 설문지도 같이 상의해서 만들고 함께 돌리자."

예은이 의견에 호준이가 맞장구를 치자 기진이도 금방 설득이 되었다.

"음, 그럼 오늘은 일단 조사 계획을 세워 보자. 대회가 한 달 정도 남았으니까 일정표도 만들어야 할 것 같아."

세 사람은 식탁 위로 머리를 모았다. 예은이 엄마가 안방 문을 빠끔히 열고 들여다보는 줄도 모른 채 아이들은 공책 위에 중요한 단어들을 열심히 적어 가며 이야기를 나누었다.

가장 좋아하는 사탕은?

토요일 저녁이 가까워 오자 윤서는 마음이 급해졌다. 내일 오전에 팀원들과 만나기로 했는데 준비가 전혀 안 되어 있었기 때문이었다. 인터넷을 뒤져 봐도 허사였다. 평소 '검색의 여왕'이라 불렸는데 잘못하다간 명성에 먹칠을 하게 생겼으니 짜증이 몰려왔다.

"아악, 뭐가 이래! 쉬운 말로 좀 써 놓지. 읽어도 무슨 말인지 하나도 모르겠네."

윤서 소리가 꽤 컸는지 거실에서 음악을 듣던 엄마가 깜짝 놀라 달려왔다.

"윤서야, 왜 그래? 무슨 일이니?"

"아니야, 아무 일도. 교내 통계 대회 준비 땜에 머리가 아파서."

윤서가 머리를 감싸 쥐며 얼굴도 들지 않고 말하자, 윤서 엄마는 조심스럽게 다가가 어깨에 살짝 손을 올려놓으며 말을 꺼냈다.

"통계 대회라고?"

"응. 그냥 혼자 어떻게든 해 보려고 했는데 까막눈이 된 기분이야. 내가 팀장인데 체면이 말이 아니네. 엄마는 통계에 대해선 잘 모르잖아. 나 좀 그냥 나둬."

한창 사춘기에 접어든 윤서는 날카롭기가 송곳 같았다. 윤서가 어깨를 흔들어 엄마 손을 쳐내자 엄마도 기분이 상했다. 하지만 인내심을 끌어 모아 윤서에게 말을 건넸다.

"엄마는 솔직히 통계 쪽은 잘 몰라. 하지만 친구 중에 사회학과에서 통계를 가르치는 교수가 있는데, 한번 연락해 볼까? 주말이라 좀 어려울지도……?"

엄마가 말꼬리를 흐리자 윤서가 재빨리 말을 이었다.

"어려우시겠지만 우리 좀 만나 달라고 엄마가 간곡히 부탁해 주면 안 될까?"

방금 전까지 까칠하던 표정은 오간 데 없이 윤서는 눈을 사슴처럼 동그랗게 뜨고 간청했다. 그런 윤서를 보자 엄마는 하마터면 웃음을 터뜨릴 뻔했다.

"그럴까? 들어주려나? 친하긴 해도 주말에 나오기가 쉽지 않을 텐데 말이지. 가만있자, 전화기가 어디 있더라?"

상황이 역전되자 윤서 엄마는 오히려 여유를 부리는 것 같았다. 윤서는 어느새 거실로 따라 나와 엄마의 전화 통화에 촉각을 곤두세웠다.

"어, 그래. 된다고?"

이 말은 윤서의 귀에 선명하게 꽂혔다.

"된대요? 오래요? 아싸! 엄마 고마워요."

다음 날 아침 일찍부터 윤서는 엄마 친구 교수님과 정한 약속 시간에 늦지 않으려고 애를 썼다. 친구들하고 전철을 타고 가려면 서둘러 나가야 했다. 현관문 고리를 돌리는 순간 집 전화가 울렸다.

"윤서야, 친구 민준이라는데. 전화 받아 볼래?"

"바쁜데 왜 전화하고 난리래?"

한시가 급했지만 혹시 공지사항이 있나 싶어 전화를 받았다.

"이윤서, 나 좀 살려주라."

윤서가 수화기를 건네받자마자 민준이가 앓는 소리를 했다.

"너 조사 계획 세웠어? 너라면 뭔가 방법이 있을 것 같아서 SOS 친 거야. 나 수렁에 빠진 느낌이야."

민준이의 목소리에는 절박함이 묻어 있었다. 어제 밤까지만 해도 자기 역시 그런 모습이었으니 윤서는 충분히 공감이 되었다. 물에 빠져 가는 사람 하나 구하는 셈 치고 엄마에게 친구들이 더 많이 가도 되느냐고 교수님께 전화 부탁드려 달라고 했다. 다행히 교수님은 흔쾌히 응해 주었다. 세 명이나 여섯 명이나 마찬가지니까 와도 된다고 하면서 말이다.

교수님 연구실 앞에 선 여섯 아이들은 긴장한 모습이 역력했다. 늦지 않으려고 지하철역부터 달음박질을 했더니 숨이 턱까지 찼다. 쉽게 숨이 골라지지 않았다. 윤서는 큰 숨을 연신 내쉬며 시간을 확인했다. 10시 59분이었다. 다행히 딱 맞춰 도착한 거였다. '사회학과 부교수 전혜정'이라고 쓰인 문을 똑똑 두드렸다.

"들어오세요."

여섯 명이 우르르 몰려 들어가자 교수님은 함박웃음으로 반겨 주었다. 맨 앞에 있는 윤서를 보며 악수를 청했다.

"네가 윤서구나. 오, 어릴 때 네 엄마의 모습이 보인다. 점점 엄마를 닮아가네. 서로 바쁘다 보니 전화 통화만 하고 통 만나질 못했지 뭐니."

사회학과 교수님이라서 왠지 딱딱한 인상일 거라 예상했는데 예상과는 달리 교수님은 서글서글한 인상에 다정한 말투였다.

"여기들 앉아. 여섯 명이 앉기엔 좀 비좁지만 잘 끼어 앉아 볼래? 교내 통계 대회가 있다고 들었는데, 통계를 처음 접하는 거니?"

"네!"

여섯 명이 동시에 답하는 소리가 생각보다 컸다. 교수님은 움찔 당황해하다가 다시 미소를 지어 보였다.

"뭐부터 설명을 해 줘야 할까? 내가 주로 대학원생들에게 강의를 하다 보니 초등학생에겐 어떻게 설명해야 하는지를 잘 모르는데."

"통계 용어도 어렵고요, 어떻게 조사 계획을 세우는 건지 감이 안 잡혀서요."

민준이 팀의 태용이가 먼저 말을 꺼내자, 나머지 아이들이 아이돌 그룹의 칼 군무처럼 동시에 고개를 끄덕였다.

"하하, 그래. 처음엔 통계가 무슨 암호 같을 거야. 그럼, 각 팀이 정한 주제부터 한번 들어 볼까?"

"저희 팀은 '여성의 사회 고위직 진출에 관한 인식 조사'로 잡았어요."

"저희는 '비만과 학업 성적의 관계'에 대해 조사해야 해요."

윤서 팀의 혜언이와 민준이 팀의 희연이가 야무지게 답했다.

"어우, 주제가 다 좋네. 최근 사회적으로 중요하게 부상하는 문제들이기도 하고. 그만큼 둘 다 선행 연구물이 많아. 앞서 다른 학자들이 연구해 놓은 결과물을 '선행 연구'라고 한단다."

여섯 아이들의 얼굴에 옅은 미소가 번졌다. 여전히 갈 길이 멀어 보이지만 교수님의 칭찬을 듣자 우선 기분이 좋아졌다.

"선행 연구를 조사하기 전에 '조작적 정의'를 내려야 해. 아, 그러니까 연구에 필요한 기본 개념을 정리한다는 뜻이야. 쉽게 설명하는 게 더 어렵네. 음."

교수님이 오른손 검지로 이마를 살짝 짚으며 고민하는 표정을 지어 보였다. 아이들이 이해하기 쉬울 적당한 단어를 고르는 모양이었다.

"정의를 내리고 문헌 조사를 마치면 구체적인 연구 방법을 정해야 해. 어떤 문항들로 설문지를 구성할 것인지, 샘플링은 어느 지역에서 몇 명 규모로 할 것인지. 여러 지역에서 고르게 선정해야 대표성을 띠거든. 신뢰도를 높이고 연구 결과를 일반화하기 위해서는 대표성이 무엇보다 중요해. 최소한 300명은 되어야……."

하지만 교수님의 설명이 더해 갈수록 아이들의 표정이 점점 더 어두워졌다. '샘플링, 대표성, 일반화……' 모르는 단어가 아닌데도 무슨 말인지 도통 알아들을 수가 없었다. 아이들의 눈에 초점이 사라져갈 무렵이었다.

"아이쿠, 이런. 내 정신 보게. 또 대학원생들한테 설명하듯이 했군. 미안 미안. 어떻게 풀어 설명하는 게 좋을까?"

'제발요.'

아이들 얼굴에 하나같이 간절함이 묻어 있었다. 윤서 팀의 청일점인 시후는 '괜히 왔어. 시간만 아깝게.' 하는 티를 팍팍 내며 윤서를 곁눈질로 쏘아보았다.

"교수님, 예를 들어 설명해 주시면 어떨까요? 저희가 통계를 너무 모르다 보니 말씀하시는 내용이 머리에 담기지 않고 그냥 쭉 미끄러져 내려가는 것 같아요. 죄송해요."

"죄송하기는. 내가 미안하네. 초등학생에게 통계를 설명해 본 적이 없다 보니 적당한 단어를 고르기가 쉽지 않구나. 어쩌지? 혹시 연구실에 공부하러 나온 학생이 있는지 알아볼까? 오히려 나보다 나을 수도 있어서."

교수님이 어딘가로 전화를 거는 동안, 열두 개의 귀가 온통 교수

님의 통화에 쏠렸다. 잠시 후 이십 대 후반으로 보이는 남자 대학원생이 연구실 문을 빼꼼 열고 얼굴을 들이밀었다.

"부르셨어요? 교수님."

"어서 들어와요. 준석 씨가 마침 연구실에 나와 있었네요. 잠깐 시간 내 줄 수 있을까요? 여기 여섯 명의 통계 꿈나무들에게 통계 조사 과정을 쉽게 설명해 주면 좋겠네요. 내가 맛난 저녁 살게요. 여러분, 인사하세요. 내가 가르친 학생 중에 가장 통계 성적이 좋은 제자예요."

'맛난 저녁'이라는 말 때문인지, 칭찬 때문인지 몰라도 제자의 얼굴에 미소가 번졌다. 제때 다듬지 않은 듯 머리는 부스스했지만 검정색 뿔테 안경 너머로 눈빛이 날카롭게 빛났다.

교수님의 제자는 아이들이 정한 주제를 전해 듣고는 교수님과 같은 반응을 보였다.

"여기서 나온 주제 중 하나로 설명을 하면 왠지 반칙하는 느낌이니까 다른 주제를 하나 골라 볼까? 뭐가 좋을까?"

대학원생은 곧 스마트폰으로 검색을 시작했다. 레이저가 나올 것 같은 열두 개의 눈동자가 동시에 그쪽으로 향했다. 손이 너무 빨라 눈으로 따라잡기 힘들 정도였다. 4, 5분 동안 몇 개 키워드로 집중 검색하던 준석 씨가 설명을 시작했다.

"이거 괜찮을 거 같네. 해외에도 통계 대회가 있군. 어떤 학생들이 '가장 좋아하는 사탕'을 조사한 내용이 있어."

"사탕이오?"

아이들의 눈은 일제히 동그래졌고 입꼬리는 내려갔다. '에이, 사탕이 무슨 주제가 돼요!' 이런 의미였다.

"그러게. 자신이 가장 좋아하는 사탕을 조사하다니 재미있지? '개미는 어떤 샌드위치를 더 좋아할까?' 이런 주제도 있네. 그것도 중학교 학생들이 조사한 거야. 이걸로 상도 탔고."

상을 탔다는 말에 아이들의 얼굴빛이 달라졌다.

"학생들이 조사하는 거니까 통했던 것 같네. 귀엽잖아. 오히려 실생활에 가깝고. 통계 그러면 항상 거창한 주제만 다룰 거라 생각하는데, 어떤 것이든 주제가 될 수 있거든. 그렇다고 너희들이 선택한 주제를 바꾸라는 건 아니야."

대학원생은 시종일관 진지하면서도 호기심에 찬 모습으로 설명을 이어 갔다.

"여기 보니까 제법 조사를 잘했네. 직접 설문 조사도 하고, SNS를 이용해서도 했어. 조사 결과도 막대그래프와 원그래프로 보기 좋게 정리했군. 재미있고 부담 없는 주제라 오히려 사람들이 쉽게 설문에 답을 해 준 모양이야. 아주 단순하지? 인기 있는 사탕 종류를 정한 후에 설문지 돌리고 SNS로 물어보면 되니까."

영어라서 자세한 내용은 해석이 필요하지만 스마트폰 화면으로

얼핏 보기에도 정리된 결과가 한눈에 들어왔다. 처음에는 황당한 주제라며 의아해 하던 아이들도 어느새 '가장 좋아하는 사탕 조사'에 점점 빠져들고 있었다.

"주제는 단순하고 분명할수록 좋아. 설문지 내용도 한 번 읽으면 이해가 쉽게 되어야 하고. 내용 자체가 아리송하거나, 깊이 고민하게 만드는 질문은 별로야. 읽고 바로 답을 고를 수 있어야지. 너희는 아직 초등학생이고 처음 통계 조사를 하는 거니까, 거창하게 하려고 하기보다 쉽고 재미있게 하면 어떨까?"

여섯 아이들은 연신 고개를 끄덕였다.

"역시 준석 씨가 아이들 눈높이를 잘 맞추는군. 어때? 도움이 되었니?"

교수님의 얼굴에는 제자를 자랑스러워하는 표정이 역력했다. 대학원생은 쑥스러워하면서도 얼굴 가득 웃음을 띠고 있었다.

"교수님, 저녁 맛있는 걸로 사 주시는 거, 잊지 마세요. 저 오늘 발표 준비 때문에 늦게까지 있다 갈 거거든요."

"아휴, 그럼. 고마워요. 자, 이제 통계 꿈나무들은 집으로 돌아갈 시간이네. 조사 계획 잘 세우고. 나중에 결과가 나오면 꼭 알려 주기!"

"네!"

아이들이 들뜬 목소리로 일제히 대답했다.

지하철까지 걸어오는 동안 아이들은 온통 대학원생 이야기뿐이었다. 팀원들이 재잘재잘 떠드는 동안 팀장인 윤서와 민준이는 생각에 빠져 있었다. '주제를 바꿔야 하나? 어떻게 쉽고 재미있게 하지?' 오히려 고민이 더 깊어졌다.

편견을 키우십니까?

 월요일 아침이 밝았다. 일요일 다음에 어김없이 돌아오는 평범한 날이지만 5학년 2반 아홉 명의 아이들에게는 매우 특별한 월요일이었다. 평소보다 일찍 등교해 셋씩 모여 있었다. 주말 동안 작성한 조사 계획서를 최종 점검하는 모양이었다.

 1교시 종이 울리고 선생님이 들어왔다. 평소에도 씩씩하고 활기가 넘치는 분인데 오늘은 살짝 상기된 모습이었다.

 "다들 주말에 잘 쉬었어요? 짐작컨대 몇 명은 무지 바빴을 것 같네요. 교내 통계 대회 신청한 세 팀, 조사 계획서 준비했죠? 이따 방과 후에 모여서 팀 별로 점검할 거예요. 학원 시간 때문에 가야 하는 팀원은 어쩔 수 없겠지만, 팀장은 반드시 남도록 하세요."

기진이는 예은이, 호준이와 눈을 맞추며 고개를 끄덕였다. 윤서와 혜언이는 근심스러운 눈으로 시후 쪽을 쳐다보았다. 역시나 시후는 손사래를 치며 입 모양으로 '난 안 돼!'라고 외치고 있었다. 민준이는 선생님 말씀은 한 귀로 흘리고 조사 계획서를 들여다보며 갸우뚱 미심쩍은 표정을 지어 보였다.

수업 후 아이들이 썰물처럼 빠져 나간 교실에 일곱 아이만 덩그러니 남아 선생님을 기다렸다. 기진이 팀은 셋이 머리를 맞대고 소곤소곤 의견을 나누고 있었고, 시후가 빠져 버린 윤서 팀은 여자아이 둘이서 의지를 불태우는 모습이었다. 민준이는 희연이가 말도 없이 가 버리는 바람에 태용이랑 둘이 남게 된 게 멋쩍은지 연신 스마트폰만 들여다보고 있었다.

스르르 앞문이 열리고 선생님이 들어왔다.

"두 명이 빠졌네. 시후랑 희연이는 방과 후에 바쁜가 보구나. 자, 그럼 어디 작성해 온 조사 계획서들을 좀 살펴볼까? 팀장들이 가져오도록."

선생님이 기대에 찬 얼굴로 손을 내밀자 팀장들을 잠깐 주춤하며 서로 눈치를 살폈다. 잠시 흐르던 긴장감을 깨고 윤서가 당당하게 교탁 앞으로 걸어가 계획서를 제출했고, 기진이와 민준이가 뒤를 따랐다. 계획서를 받아 든 선생님은 사뭇 진지한 표정으로 차례대로 읽어 나갔다. 5분 정도 지나서 선생님이 입을 열었다.

"음, 생각보다 괜찮은걸. 짧은 시간 동안 꽤 근사하게 작성들 해 왔네."

세 명의 팀장은 동시에 안도의 숨을 내쉬었다. 선생님은 아이들의 모습이 귀엽기도 하고 기특하기도 해서인지 유쾌한 웃음을 터뜨렸다.

"걱정들을 많이 했나 보구나. 잘했어. 아직 보완할 점이 조금씩 있긴 하지만 이 정도면 훌륭하지. 난 혹시 백지를 내면 어쩌나 걱정했거든. 얘들아, 솔직히 말해 봐. 누구 도움을 받았어?"

방금까지 밝기만 하던 아이들의 얼굴에 순간 그늘이 드리웠다. 누군가의 도움을 받았다는 사실을 밝혀도 되나 망설여졌다.

"괜찮아. 애초부터 너희들끼리 하기엔 무리가 있는 과제였어. 조언을 듣는 건 얼마든지 괜찮아. 누군가가 대신 계획안을 작성해 주는 것만 아니면 되지."

"누나가 설명해 주긴 했지만 저희가 직접 쓴 거예요."

평소 조용하고 말이 없던 기진이가 대번에 큰 소리로 답하는 바람에 여섯 아이들의 눈이 동그래졌다.

"저희도 직접 썼어요. 어떤 교수님과 그분 제자의 도움을 받긴 했지만요."

윤서가 말꼬리를 살짝 흐리자 선생님은 안심시키듯 부드러운 어조로 말했다.

"그랬구나. 마침 주변에 도움 받을 사람이 있었다니 우리 반 팀들이 역시 운이 좋은걸? 조사 계획서를 작성하는 것도 중요하지만 결국 어떻게 실행하느냐가 중요해. 계획대로 잘 되지 않을 수도 있거든. 그래도 시작이 반이라고 했으니 계속 힘을 내 주기 바란다. 그럼 한 팀씩 이야기 나눠 볼까?"

그제야 마음을 놓은 세 팀의 아이들은 돌아가며 선생님과 조사 계획서를 놓고 이야기를 나누었다. 가장 먼저 제출한 윤서 팀을 시작으로 기진이 팀, 민준이 팀 순으로 이어졌다. 앞 팀이 끝나기를 기다리는 동안 팀원끼리 계속 의견을 나누는 기진이 팀과 달리, 민준이와 태용이는 끝내 대화가 없었다.

민준이 팀 순서가 돌아오자 민준이와 태용이는 쭈뼛거리며 앞으로 나가더니 거리를 두고 앉았다. 둘이 하는 모양새를 지켜보던 선생님은 다소 엄한 표정을 지으며 말했다.

"김민준하고 정태용, 정태용하고 김민준. 너희가 어떻게 이 대회에 출전하게 됐는지 잊지 않았겠지? 계속 이런 식이면 곤란해. 팀별 대결에선 중요한 요소가 바로 팀워크인데 이렇게 마음이 안 맞아서야 쓰겠니? 그리고 희연이는 어디 갔어, 김민준?"

"걔가 글쎄 말도 없이 가 버렸어요."

민준이가 이래저래 분하다는 듯 씩씩거리며 답하자, 선생님은 더 단호한 목소리로 일침을 놓았다.

"네가 챙겼어야지. 최소한 왜, 어디를 가는지를 알아 놓았어야 하는 거야. 태용이하고 관계도 네가 잘 풀어야 하는 거고."

"왜 저한테만 뭐라 그러세요! 저도 생전 듣도 보도 못한 통계 조사 계획서 세우느라 잠도 제대로 못 잤다고요!"

금방이라도 눈물을 터뜨릴 것같이 민준이가 울먹이자 태용이가 의자를 살짝 당겨 민준이 어깨에 살그머니 손을 올렸다. 민준이도 싫지 않은 듯했다. 그것을 본 선생님은 화제를 다른 쪽으로 돌렸다.

"교내 대회가 3주 정도 남았어. 그러니 조사 계획을 좀 더 구체화하고 곧 설문지를 만들어야 할 거야. 다음 월요일까지 설문지를 작성해서 가져오도록. 주중에 팀별로 모여서 준비해야겠지? 좀 전에도 말했지만 이번 대회에는 팀워크 점수도 있으니 서로 협력하면서 진행하기 바란다."

선생님의 말이 떨어지기가 무섭게 윤서 팀은 벌떡 일어나 인사를 하는 둥 마는 둥 하고 달려 나갔다. 혜언

이 엄마가 혜언이와 윤서 둘을 영어 학원에 데려다주기 위해 교문 밖에서 내내 기다리고 있었기 때문이었다. 민준이와 태용이는 주섬주섬 가방을 챙겨 따로 교실을 나섰다.

기진이 팀 세 명만 교실에 덩그러니 남아 떠날 생각을 않자 선생님이 물었다.

"너네는 학원에 안 가니? 늦지 않았어?"

"저는 학원 끊은 지 꽤 됐어요. 혼자 하는 게 더 편해서요."

"나돈데. 집에서 혼자 문제집 풀거나 추리 소설 읽는 게 더 재밌더라고."

기진이의 느릿느릿 어눌한 말에 예은이가 맞장구를 쳤다.

"호준이 너는?"

"저는 독서 수업을 하나 하는데 목요일이에요. 다른 때는 그냥 혼자 놀아요."

"너희 셋은 다른 듯 닮았구나. 그럼 남아서 더 이야기하고 가렴."

선생님이 나간 후 세 아이는 멋쩍은 듯 잠시 말이 없었다. 침묵을 깬 건 예은이였다.

"우리, 계획을 더 촘촘하게 짜야겠어. 일단 선생님이 전반적으로는 좋다고 하셨으니 다행이긴 한데, 이 정도는 뭔가 부족하지 않니?"

"그래, 내 생각도 마찬가지야. 무엇보다 설문지 작성이 중요할 것 같은데."

기진이가 걱정스러운 얼굴로 예은이 말에 동의하자 호준이도 한마디 덧붙였다.

"기진이 누나에게 가서 설명을 더 들어 보는 건 어때? 선생님께서 도움 받는 건 괜찮다고 하셨잖아. 설문지 작성과 설문 응답 요청은 우리가 하면 되니까."

누나 이야기가 나오자 기진이는 곤란한 듯 인상을 찌푸렸다.

"글쎄, 가능할지 모르겠어. 누나가 너무 바빠서 평소에 얼굴 보기가 힘들거든. 지난번에는 정말 운이 좋게 마주친 거야. 그래도 이야기는 해 볼게."

"그래, 부탁한다. 언제 되는지 시간 알려 주면 가능한 한 맞출게. 호준이 너는 목요일만 빼고 되는 거지?"

예은이가 확인하자 호준이는 말없이 고개만 끄덕였다.

금요일 저녁, 예은이와 호준이는 기진이네 아파트 현관 앞에서 만났다.

"어, 왔어?"

예은이가 인사를 건네자 호준이는 수줍게 웃었다.

"얼른 올라가자. 기진이 기다리겠다. 기진이 누나도 어렵게 시간 내준 건데."

두 아이는 엘리베이터가 내려오기 무섭게 올라타 버튼을 눌렀다. 집에 들어서자 기진이가 어딘지 모르게 닮은 대학생 누나와 거실에 어색하게 앉아 있었다.

"왔구나."

기진이가 벌떡 일어나 현관 쪽으로 달려 나왔다. 평소에 볼 수 없는 날랜 모습이었다. 누나도 옅은 미소를 지으며 예은이와 호준이를 반겨 주었다.

"들어와. 너희가 예은이랑 호준이구나. 우리 집에 기진이 친구가 온 게 백만 년 만이던가?"

"누나, 쫌!"

기진이가 눈을 흘기며 쳐다보자 누나가 바로 응수했다.

"지금 아쉬운 사람이 누구더라? 너 그렇게 나오면 국물도 없다. 지금 내 과제도 잔뜩 밀렸는데."

"아, 아니야. 백만 년 맞아."

기진이가 당황하는 모습에 모두가 웃음을 터뜨렸다.

"에궁, 아직 귀엽단 말이야. 자, 앉자. 진짜로 시간을 많이 낼 수는 없어. 궁금한 거 물어보면 답할 테니 신속, 정확하게 물어보도록. 뭐가 제일 문제야?"

누나의 한마디에 세 사람은 갑자기 진지한 태도로 돌변했다. 각자 조사해 온 노트를 꺼내 훑어보는 모습이 흡사 연구자 같았다.

"저희 팀은 '외국인에 대한 편견의 원인'이 주제인데요, 그동안 어떤 연구가 있었는지 인터넷에서 찾아보니 꽤 많더라고요. 그런데 막상 설문지를 만들려고 하니까 어떻게 적용해야 할지 막막해요."

예은이가 솔직한 심정을 말하자 호준이가 말을 보탰다.

"저는요, 바로 제 문제잖아요. 아, 물론 저는 외국인이 아녜요. 어엿한 한국 국적을 가진 한국인이죠. 하지만 아빠가 인도 사람이라서 제 외모를 보고 아이들이 외국인인 줄 알아요. 조사를 하다 보니 화가 나기도 하고 억울하기도 하고 그랬어요. 이번 기회에 우리 학교 아이들이 외국인에 대해 어떻게 생각하는지 정말 더 알고 싶어지더라고요."

기진이가 호준이 어깨를 톡톡 치며 말했다.

"네가 한국 와서 고생이 많다. 피부색이 더 어두울수록 차별이 심하다는 연구 결과가 있더라."

"음, 그렇구나. 난 이쪽으로 자료를 찾아본 적은 없지만 이 소재는 뉴스에도 많이 나오는 내용이니 대충 감은 잡혀. 그래도 외국인에 대한 편견의 원인을 알아내는 건 좀 더 깊이 있게 들어간 거니까, 일단 처음은 '외국인에 대한 편견 실태 조사' 정도로 하면 어때? 아 참, 그리고 외국인에 대한 정의는 내렸니?"

"정의요? 피부색이 다르면 다 외국인 아니에요?"

예은이가 의아하다는 듯 되물었다.

"아닐 거야. 지난번에 기진이에게 말한 것 같은데……. 조사하기 전에 먼저 정의를 내려야 해. 편견이 무엇인지, 어떤 사람을 외국인이라고 부를 건지. 내가 알기로 피부색이 달라도 국적이 한국인인 사람들이 많지 않니? 귀화한 사람들 말이야."

"아아, 뭐가 이렇게 복잡해?"

기진이가 머리를 감싸 쥐며 불만을 토로하자, 호준이가 달래듯 말했다.

"아니야, 기진아. 누나 말이 맞아. 나는 아빠는 인도 사람이지만, 엄마는 한국인이어서 국적이 두 개거든. 그래서 인도 사람이면서 한국 사람인 거지."

"아, 그래? 국적이 두 개면 기분이 어때?"

예은이가 신기하다는 표정을 지어 보이며 물었다.

"그냥 별 느낌 없어. 한국인인데도 지하철에서 자꾸 어디서 왔냐고 물으니까 귀찮지 뭐."

"자자, 얘들아. 신기해할 시간이 없어 보이는데. 개념 정리부터 다시 해야 될 것 같다. 외국인으로 할 건지, 다문화 가정으로 할 건지, 그냥 피부색이 다른 사람으로 할 건지. 그거부터 정하고 설문지를 작성해야지 헷갈리지 않을 거야. 그건 너희가 정해야 하는 거고."

"왠지 맨 처음으로 돌아온 느낌이야."

기진이는 전에 비해 풀이 잔뜩 죽은 모습이었다.

"오히려 잘됐지 뭐. 다시 잘 정리하고 가자."

호준이가 기진이를 다독이며 예은이 쪽을 쳐다보자 예은이도 고개를 크게 끄덕였다.

그렇게 시작한 저녁 모임은 밤 10시가 되어서도 끝날 줄 몰랐다. 누나는 더 이상 기다릴 수 없다며 과제를 하러 학교 도서관으로 갔다. 이제 온전히 셋에서 문제를 풀어 가야 하는 상황이었다.

"너무 늦었다. 벌써 10시가 넘었네. 우리 오늘은 이만하고 내일 오전에 다시 모이는 게 어때? 내일은 호준이네서 모일까?"

"그래, 그러자. 엄마도 아마 괜찮다고 하실 거야."

모임이 더해 갈수록 세 사람은 마음이 잘 맞아 들어가는 걸 느꼈다. 각자 외톨이로 살아 온 세월이 무색하게 의기투합이 잘 되었다. 다음 날, 호준이네서 점심을 먹어 가며 설문지 만들기에 정성을 다했다.

"설문지 질문 만들기가 가장 중요하다고 누나가 그러더라."

기진이가 운을 뗐다.

"질문은 단순하고 쉬워야 한다고 했어. 금방 읽고 답할 수 있도록."

기진이의 말에 호준이와 예은이가 끄덕이며 동의했다.

"그건 알겠는데, 피부색에 대한 편견의 원인을 알아보려면 뭘 물어봐야 하는 거지? 우리 조금 방향을 틀어서 피부색에 대한 편견이 있는지부터 알아보는 게 어때?"

예은이가 질문과 답을 동시에 하면서 말을 이어 나갔다.

"설문지를 구상하다가 문득 몇 년 전에 엄마랑 같이 교육 방송에서 본 다큐가 기억났어. '다음 중 도둑은 누구입니까?', '다음 중 교수는 누구입니까?' 이런 간단한 질문을 던지는데 아이들이 대부분 아랍 사람을 도둑이라고 답하고 백인을 교수라고 가리키더라고. 그때는 별 생각 없이 봤는데 지금 생각하니까 그게 피부색에 대한 편견 아니겠니?"

"진짜? 그런 다큐 프로가 있었어? 그거 편견 맞네. 기가 막혀서."

호준이가 금방 흥분해서 씩씩거리며 반응했다.

"그럼 우리도 비슷하게 물어볼까? 그런 종류의 질문을 다섯 개 정도 뽑아서 사진을 넣고 컬러 프린트로 뽑으면 될 것 같은데."

"오케이. 질문을 더 만들어 보자."

"'다음 중 공주는 누구일까요?' '다음 중 누가 가장 부자일까요?' '다음 중 누가 가장 행복할까요?' 이러면 앞엣것까지 합해서 벌써 다섯 개네?"

"오올, 대단한데. 질문이 술술 나오네. 너 무슨 질문 제조기냐?"

기진이가 질문을 술술 꺼내 놓자 예은이가 기분 좋게 놀렸다.

"그러면 설문 조사 제목도 살짝 바꿔야 하는 거 아니야? 피부색

에 대한 편견의 원인이 아니라 편견이 있는지 조사하는 게 되었으니 말이지."

호준이가 적절한 타이밍에 적절한 질문을 던지자, 예은이와 기진이는 잠깐 고민에 빠졌다.

"'편견을 키우십니까?' 이거 어때? 재미도 좀 있고."

예은이가 순발력을 발휘해 그럴싸한 제목을 내놓자 호준이가 갸우뚱했다.

"편견을 키우느냐고? 그게 무슨 말이야?"

"견(犬) 자가 한자로 개라는 뜻이 있잖아. 물론 다른 한자지만 말장난을 좀 하자는 거지."

"아, 그거 개 견자. 난 또 뭐라고. 재미있긴 한데 괜찮을까?"

"난 찬성. 아이들에게 주목을 끌 수 있겠어. 딱딱한 것보다는 좋아."

"그럼 나도 좋아."

예은이의 의견에 기진이와 호준이도 흔쾌히 동의하면서 설문지 준비 작업은 생각보다 수월하게 끝났다.

설문 조사 대첩

윤서 팀은 셋이 간신히 시간을 맞춰 토요일 오후에 모였다. 윤서네 집에 들어서자마자 시후는 입이 닷 발 나와 투덜거렸다.

"야, 너희 집 왜 이렇게 멀어? 오는 데만 20분 넘게 걸렸잖아. 한 시간밖에 못 뺐으니까 얼른 회의하자."

"지난번에도 혼자 도망간 애가 말이 진짜 많다, 안시후."

혜언이가 눈을 흘기며 쏘아붙이자 머쓱했는지 시후는 입을 쏙 들이밀고 들어와 앉았다.

"우리 이럴 시간 없어. 팀워크도 점수에 들어간다고 했잖아. 우린 벌써 점수를 깎인 거라고. 자, 각자 설문지 작성해 온 거 내놔 봐."

윤서가 채근하자 혜언이 역시 더 이상 다른 말 없이 가방에서 두

툼한 파일을 꺼냈다.

"내가 자료 조사해서 나름대로 설문지를 만들어 봤는데 말이지, '여성의 사회 고위직 진출에 대한 인식 조사'라고 했을 때, 분야를 정해야겠더라고. 크게 기업 쪽인지, 아니면 공직자 쪽인지 말이야."

"그래, 나도 느꼈어. 찾아보니까 스웨덴은 여성 장관 비율이 엄청 높다더라. 공직자 쪽으로 하는 건 어때? 안시후, 네 생각을 말해 볼래?"

윤서가 똑 부러지는 목소리로 묻자, 시후는 들릴락 말락 하게 중얼거렸다.

"뭐라고? 안 들리잖아. 좀 크게 말해 줄래?"

"자, 잘 모르겠어. 준비를 못 했어."

"헐."

혜언이와 윤서가 동시에 어이없어 하자 시후는 차마 고개를 들지 못했다.

"내가 말했잖아. 나 방과 후에 엄청 바쁘다고. 그냥 이름만 올리면 안 될까? 진짜 시간이 없어. 영어, 수학, 과학, 논술 네 과목 숙제가 밤 12시가 넘어도 안 끝난단 말이야."

급기야 시후가 울먹이듯 말하자, 두 여자애들도 더는 뭐라 말하지 못했다.

"어휴, 어쩌냐? 설문지 돌리는 건 우리 둘만으로 부족한데. 좀 덜

바쁜 남자애를 고를걸 그랬어. 아무튼 시후 너, 시간을 최대한 쪼개 봐. 설문지 돌리는 건 꼭 도와줘야 해."

힘없이 고개를 끄덕이는 시후를 보며 윤서와 혜언이는 난감한 표정을 지었다.

"그건 그렇고, 지금은 설문지 내용을 정해야 하니까 다시 집중하자."

비슷한 시각, 민준이는 책상 앞에 앉아 고민에 빠져 있었다. 벌써 토요일 오후를 지나 저녁이 다 되는 중인데 별로 진전이 없었다. 태용이더러 집으로 오라고 해놓고 잘한 짓인지 판단이 안 섰다. 희연이는 끝끝내 시간을 못 맞춰 못 온다고 했다. 그 대신 혼자 설문을 작성해 본다고 문자를 보내왔다.

'딩동'

벨이 울리자 민준이는 덜컥 가슴이 내려앉았다. 순간 '집에 없는 척할까?'라는 비겁한 생각이 들었으나 곧 떨쳐 버리고 현관으로 어기적어기적 걸어 나갔다.

"왔나?"

"어."

마주 보고 앉은 두 사람은 한동안 식탁 무늬 쳐다보기와 스마트폰 문자 확인하기를 반복했다. 십 분쯤 시간이 흘렀을 때 태용이가 운을 뗐다.

"야, 우리 어떻게 할 거야?"

"낸들 아냐? 지난번에 설명 들을 때는 뭔가 알 것 같더니만 설문지 작성하려고 보니 다시 까막눈이 되더라."

"네가 팀장인데 어떻게든 해 봐야지."

"팀장이 무슨 죄인이냐? 다 알아서 하게. 이희연이 자기가 해 온다고 했으니까 기다려 봐야지 뭐."

민준이는 미안한 마음과 막막한 마음을 태용이에게 툴툴거리는 걸로 드러냈다.

"그러는 너는? 뭐라도 준비했어?"

"하긴 했는데 맞는 건지 영 모르겠더라."

"하긴 했어? 어디 봐 봐."

민준이가 표정이 한층 밝아져 묻자, 태용이는 못 이기는 척하며 가방에서 파일 뭉치를 꺼냈다. 민준이는 태용이 옆으로 바짝 다가가 앉았다.

"아빠가 자료 찾는 걸 좀 도와주셔서 프린트했어. 이미 비슷한 내용으로 조사한 게 꽤 있더라고. 말이 어렵고 질문이 많은데 우리한테 맞게 바꿔 보면 될 것 같아."

"오올~ 정태용, 쫌 하는데?"

민준이가 자기도 모르게 오른손을 펼쳐 들자 태용이도 반사적으로 손을 들어 마주쳤다. 손바닥 마주치는 소리가 집안에 시원하게 울려 퍼졌다.

어김없이 월요일 아침이 밝아왔다. 요즘 선생님의 관심사는 오로지 야구와 교내 통계 대회에 쏠려 있었다. 야구 이야기로 아침 조례를 시작하더니 바로 교내 통계 대회 이야기로 화제를 전환했다.
"어느덧 통계 대회가 2주 앞으로 다가왔죠? 참가 팀은 점심 식사 후에 작성한 설문지를 가지고 교무실로 오도록 해요."
선생님 말이 떨어지자마자 민준, 윤서, 기진은 심장이 마구 뛰기 시작했다. 항상 자신감에 차 있던 윤서도 긴장한 기색이 역력했다.

기진이는 표정으로는 잘 드러나지 않지만 혹시나 심장 뛰는 소리가 들릴까 싶어 오른손으로 가슴께를 가볍게 눌렀다. 민준이는 유독 안절부절못하는 모습이었다.

"이희연. 너 설문지 만들어 왔지? 어디 봐 봐."

1교시 종이 울림과 동시에 민준이는 희연이와 태용이를 불러내 운동장으로 나갔다.

"여기 있어. 내가 한다면 하는 애라고."

희연이는 자신 있다는 듯 당당하게 설문지를 내밀었다.

희연이에게 받은 설문지를 잠깐 동안 들여다보던 민준이의 표정이 일그러졌다.

"왜? 뭐 문제 있어?"

"어쩌지? 우리가 작성한 거랑 너무 다르네."

어느새 태용이도 설문지를 보더니 난감한 듯 내뱉었다.

"너희가 어떻게 했는지는 모르겠지만 아마 내가 한 게 훨씬 나을 걸. 문장력이나 뭐나 내가 나을 게 뻔해."

태용이와 민준이는 서로 쳐다보며 잠시 할 말을 잃었다.

"이대로는 안 되겠는데. 둘 중에 어느 걸 보여 드리지? 미리 의견을 맞췄어야 했는데."

"난 양보 못 해. 내가 얼마나 시간을 많이 투자했는데. 어제 거의 밤을 꼴딱 샜다고."

민준이랑 희연이 사이에 팽팽한 긴장감이 흘렀다. 태용이는 이러지도 저러지도 못하고 엉거주춤 둘 사이에 서 있다 한마디 했다.

"시간이 없으니 일단 둘 다 보여 드리자."

점심시간을 20분 정도 남겨 놓은 시각, 세 팀의 팀장은 나란히 교무실로 향했다. 같이 걷고 있지만 발걸음의 무게가 달라 보였다.

"어, 그래. 왔구나. 어디 좀 볼까? 수고들 많이 했겠네."

선생님이 파일 세 개를 연달아 훑어보는 동안 세 아이들은 속이 바짝 타 들어가는 것 같았다. 특히 민준이는 자기도 모르게 손톱을 잘근잘근 물어뜯고 있었다.

"음, 괜찮은데. 조금씩만 수정하면 되겠어. 선생님은 진행을 돕는 거지 내용은 너희가 알아서 하는 거야, 알겠지? 근데 왜 민준이 팀은 설문지가 두 개야? 내용도 많이 다른데?"

"그게요……"

민준이는 얼른 대답을 못 하고 망설였다.

"무슨 사연이 있는 게로군. 괜찮으니까 솔직하게 말해 봐."

"희연이가 모일 시간이 안 난다고 해서 따로 설문지를 만들어 왔는데 의견을 맞출 시간이 없었어요."

"그렇게 된 거로구나. 어쨌든 이번 주부터 설문 조사에 들어가려면 하나로 정하든지 둘을 섞어 조정하든지 해야 해. 잘못하다 '한 지붕 두 가족' 되게 생겼잖아."

한 지붕 두 가족이라는 소리에 윤서가 옆에서 고소하다는 듯 킥킥거리며 웃자 민준이는 자존심이 제대로 상했다. 얼굴이 화끈거리는 것을 간신히 참으며 아랫입술을 꽉 물었다.

다음 날 아침, 기진이는 일찍 일어나 프린트기와 씨름하고 있었다. 잘 돌아가던 프린트기가 자꾸 종이를 두 장씩 먹더니 급기야 멈춰 버렸다. 오늘부터 설문지를 돌리기로 팀원들과 약속했는데 여간 속이 타는 게 아니었다.

"엄마, 아빠, 누나, 아무나 좀 와 보세요."

급한 마음에 식구들을 있는 대로 부르자 기진이에게 무슨 일이라도 난 줄 알고 우르르 세 식구가 기진이 방으로 달려 들어왔다.

"왜, 왜? 어디 다쳤니?"

엄마가 기진이 몸을 여기저기 살피며 물었다.

"제가 아니고 프린트기가 다쳤나 봐요. 종이가 안 나와요."

"난 또. 별것도 아닌 걸 가지고 사람을 깨우고 난리야."

누나는 눈을 반쯤 감은 채로 잠꼬대하듯 중얼대며 자신의 방으로 돌아가 버렸다.

"어디 보자. 어딜 다쳤나?"

아빠는 열심히 하는 기진이가 기특했는지 도와주려고 애썼다. 여기저기 버튼을 눌러 보고, 노트북 전선을 살펴보기도 했다. 아빠는 전자기기를 잘 다루는 터라 잠깐 만졌을 뿐인데 프린트기가 '윙' 하고 돌아가며 종이를 뱉어냈다.

"녀석, 엄마 놀래키고그래. 아무튼 너 이번에 진짜 열심이다. 우리 아들 파이팅!"

"그래, 우리 느림보가 웬일이라니? 잘해 봐라. 아빠도 응원한다."

엄마 아빠의 응원 소리를 뒤로하고 기진이는 열심히 설문지를 뽑았다. 일단 오늘은 스무 명에게 설문지를 돌리는 게 목표였다. 전교 5학년 아이들 150명 중 최소 100명에게 돌리기로 했는데, 아무리 생각해도 쉽지 않아 보였다. 기진이는 마음이 급해져 거의 뛰다시피 학교로 향했다.

교문 앞에는 이미 예은이와 호준이가 와서 기다리고 있었다. 약간 떨어진 곳에서 윤서 팀이 설문지를 돌리고 있었다. 예은이가 발을 동동 구르며 달려오는 기진이에게 소리를 질렀다.

"야, 성기진. 빨리 뛰어와! 5학년 애들은 벌써 많이 들어갔다고. 아침 조회 시간 전까지 다른 반에도 들러야 하는데 너무 늦었잖아."

"진짜 미안해. 오늘따라 프린트기가 말썽을 부리더라고."

"예은아, 기진이 숨넘어가겠다. 그만 재촉해."

호준이가 웃으며 예은이를 말렸지만 기진이는 미안한 마음에 도착하자마자 숨 돌릴 새도 없이 눈에 익은 5학년 아이들에게 설문지를 돌렸다.

"저, '피부색에 대한 편견 설문 조사'입니다. 잠깐이면 되는데 시간 좀 내 주세요."

기진이는 최대한 정중하게 인사하며 설문지를 내밀어 봤지만 열에 아홉은 뿌리치고 서둘러 학교로 들어가 버렸다. 예은이와 호준이 쪽도 사정이 다르지 않았다. 설문지 하나 제대로 받아 내기도 어려운 형편이었다.

"지금은 바쁜데 이거 적어서 나중에 주면 안 될까?"

3반 회장인 예은이 친구가 차마 뿌리치지 못하고 어정쩡하게 서서 난처해했다.

"그럼 그럼. 이따 점심시간에 가져다줘. 고마워."

예은이는 그거라도 감지덕지라는 표정이었다.

수업 시작을 알리는 종이 울리자 세 사람은 숨이 턱에 닿도록 번개처럼 교실로 달려갔다. 1교시가 끝나자 약속이라도 한 듯 다시 기진이 책상으로 둘이 다가왔다. 누가 먼저랄 것도 없이 탄식을 쏟아냈다.

"어떻게 해. 이거 장난이 아닌데."

"이런 식으로는 설문지도 못 돌려보고 끝나겠어. 뭔가 다른 방법을 찾아내야 해."

호준이에 이어 기진이도 답답한 심정을 털어놓자, 예은이가 꾀를 냈다.

"아침에 교문에서 돌리는 건 성공률이 매우 낮은 것 같아. 애들이 교실로 들어가기 바쁘잖아. 우리 쉬는 시간을 이용해 교실을 돌아다니자. 일단 각 반에 아는 친구들 중심으로 돌리고 점심시간에 가져다 달라고 하면 어떨까?"

"다른 반에 들어가서 돌린다고?"

기진이가 난감한 표정을 지어 보였다. 평소에도 화장실 가는 시간 외에 자기 자리를 떠날 줄 모르는 내성적인 기진에게는 불가능한 미션으로 느껴졌다.

"나도 마찬가지야. 피부색 때문에 애들이 놀리면 어떻게 해. 자신 없어……."

호준이가 울상을 지으며 말꼬리를 흐렸다. 그 말을 들으니 예은이도 계속 밀어붙이기가 난감했다.

"그럼 어쩌니? 한 장짜리 설문지지만 읽고 답하려면 최소 3~4분은 걸리는데 교문에서 돌리는 것은 무리고, 교실에는 들어가기 싫고. 다른 뾰족한 수라도 있어?"

기진이와 호준이는 좋은 생각이 얼른 떠오르지 않아 고개만 숙이고 있었다. 설문지 돌리기라는 산을 넘지 못하면 모두가 수포로 돌아갈 상황이라 분위기가 점점 어두워졌다. 그때 호준이가 두 손가락으로 딱 소리를 내며 고개를 번쩍 들었다.

"그거 어때? 보드판 설문지."

"보드판 설문지?"

기진이와 예은이는 동시에 눈을 동그랗게 뜨며 되물었다.

"왜 있잖아, 보드판에 사진을 붙여 놓고 질문을 크게 쓴 다음 자기가 원하는 곳에 스티커 붙이는 거."

"아, 그거."

이번에도 다른 두 아이는 동시에 입을 모아 맞장구를 쳤다.

"오오, 천잰데. 그럼 우리 종이 설문지는 치워 버리고 보드판을 만들자. 질문이 여섯 개니까 하루에 두 개씩 돌아가며 교문에서도 하고 점심시간에 복도에서도 받으면 일주일 내에 끝낼 수 있을 거야."

"한 사람에게 하나씩만 붙이게 하면 참가자 수도 자동적으로 알 수 있고 말이야."

예은이와 기진이도 척척 아이디어를 덧붙여 가며 보드판 설문지 작전을 구체화시켜 나갔다.

"그럼, 오늘 방과 후에 문방구에 들르자. 보드판 만드는 건 우리 집에서 하고."

호준이가 선뜻 자기네 집에서 하자고 제안하는 바람에 모임 장소도 자연스럽게 정해졌다.

윤서네 팀도 설문지 때문에 애를 먹기는 매한가지였다. 설문지를 보여주자마자 아이들은 '어렵다', '시간 없다', '모르겠다' 발뺌을 하며 도망갔다. 이러다가는 설문지를 채 열 장도 못 받고 일주일이 끝날 것만 같았다. 머리 좋기로 소문난 윤서지만 해결책을 찾기가 쉽지 않았다. 우선 반별로 친한 친구들 다 동원해서 돌리기로 하고 금요일까지 일인당 열 장씩 받아오기로 약속하고 헤어졌다. 그러는 동안에도 시후는 시종일관 짜증을 내며 더는 시간을 낼 수 없다고 울상을 지었다.

민준이 팀도 설문지 조사라는 험한 산맥을 넘지 못하고 낙담해 있었다.

"어휴, 땀난다. 설문지 돌리다 살 빠지겠어."

쉬는 시간을 이용해 방금 옆 반에 다녀온 태용이가 이마에 흥건한 땀을 닦았다.

"잘됐네. 이 참에 살 좀 빼라. '설문지 다이어트' 좋네."

민준이가 비꼬듯 말하자 태용이가 눈을 흘겼다.

"아, 미안 미안. 버릇이 되어서 나도 모르게."

이번에는 웬일인지 민준이가 재빨리 사과를 했다.

"야, 너희 둘. 그렇게 옥신각신할 때가 아니야. 설문지 이거 언제 돌릴 거야? 뽑아 오기는 엄청 많이 뽑아 왔네. 그러게 그냥 내가 만든 설문지로 가는 건데. 내용을 바꿔서 잘 안 되는 거야."

족히 백 장은 넘어 보이는 설문지를 보며 희연이가 핀잔을 줬다.

"지금 내용이 문제냐? 애들이 아예 관심도 없는데."

민준이는 희연이가 내내 못마땅하다는 얼굴이었다.

"내가 어떻게든 해 볼게. 우리학교 최고 인기남인 내가 이 정도 문제를 해결 못 해서 되겠냐?"

큰소리는 뻥뻥 쳤지만 막상 민준이도 자신이 없었다. 그래도 체면은 지켜야겠기에 반마다 돌아다니며 얼굴과 인기를 무기 삼아 열심히 설문지를 받아 냈다.

일주일은 너무 빨리 지나가 버렸다. 토요일 오전, '설문 조사 대첩'을 마친 각 팀은 어찌됐든 그 다음 단계를 밟기 위해 팀끼리 모여야 했다. 예은이네 집 식탁에 모인 기진이 팀 아이들의 표정에는 미소가 가득했다.

"이거 쏠쏠한데. 아이들이 꽤 많이 붙여 줬어. 스티커 개수를 세서 표로 정리하자. 막대그래프나 원그래프로 정리하면 되겠지?"

"한 가지 문제가 있어. 각 질문마다 스티커 합계가 다른데 괜찮을까? 설문지를 돌렸으면 다 같았을 텐데 말이야."

신나서 조사 결과를 정리할 방법을 이야기 하던 예은이가 호준이의 말에 움찔했다.

"음, 그러네. 선생님께 여쭤 봐야 하나? 정리표에 총 응답자 수를 각각 적으면 어떨까? 많이 차이가 나려나? 일단 세어 보자."

질문별로 보드판을 나눠 스티커 수를 세었다. 하나라도 빼먹을까 봐 두 번, 세 번씩 세고 또 세었다.

"다행히 큰 차이는 안 나네. 완전히 같지는 않지만 이대로 가는 수밖에 없겠어."

호준이가 차분한 어투로 신중하게 말하자, 예은이와 기진이는 고개를 끄덕였다.

윤서 팀도 일주일 내내 애쓴 결과 삼십 장 넘게 설문지를 거뒀지만 만족스러운 수준은 못되었다. 이제 표로 보기 좋게 정리하는 일

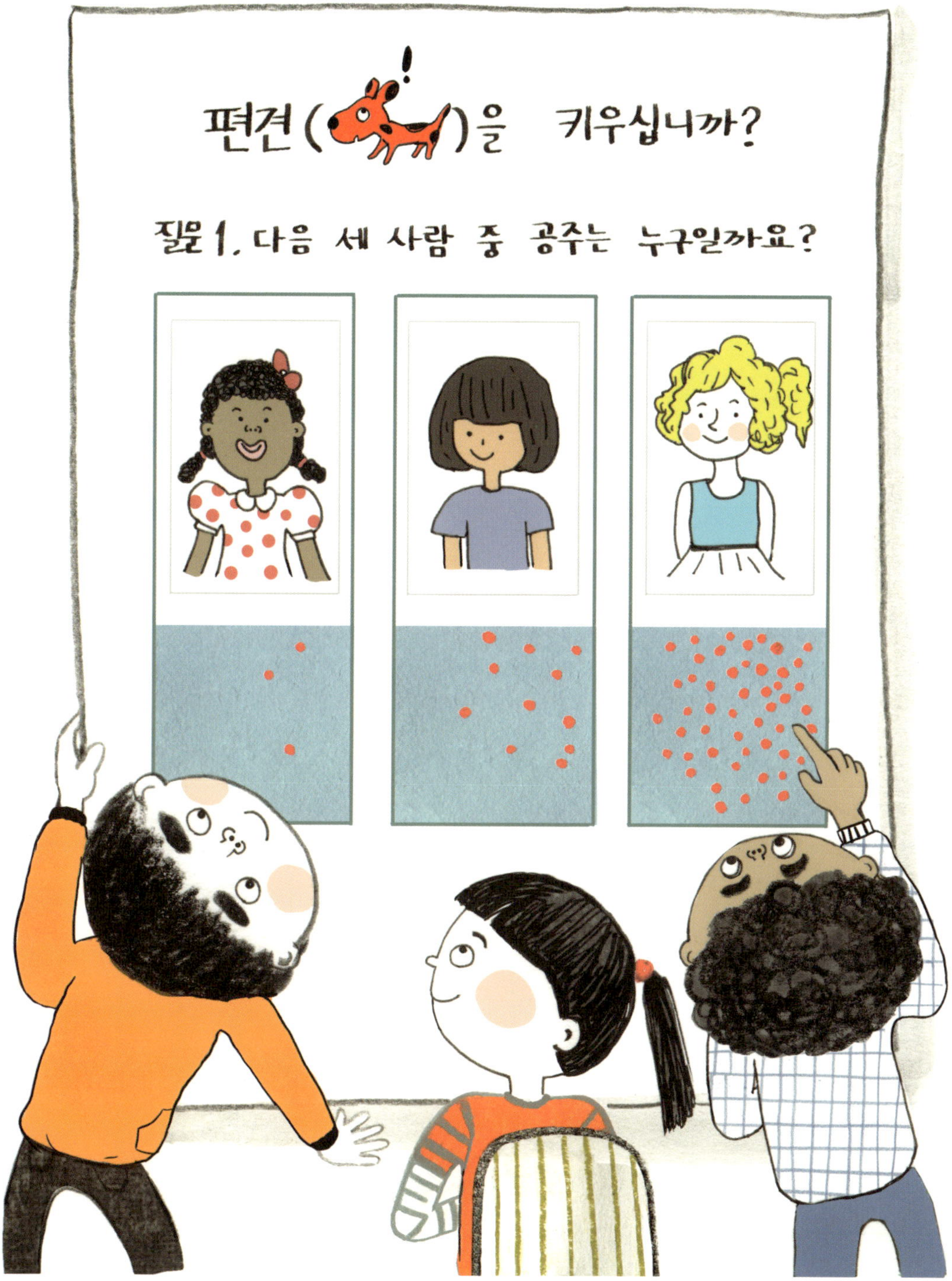
편견( )을 키우십니까?
질문 1. 다음 세 사람 중 공주는 누구일까요?

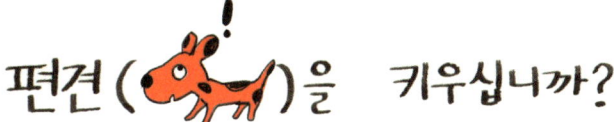

이 남아 있었다. 마지막 정리하는 날도 시후는 논술 과외를 핑계로 함께하지 못했다. 윤서와 혜언이는 온갖 문구류를 총동원해 보기 좋고 예쁘게 꾸미며 원그래프와 표로 결과를 정리해 나갔다.

민준이 팀은 인맥을 총 동원해 간신히 설문지 오십 장을 받았다. 결과를 어떻게 정리할지를 놓고 민준이와 희연이 사이에 다시 설전이 벌어졌다.

"파워 포인트로 그럴싸하게 만들어야지, 원시인처럼 종이를 오리고 붙이고 그러냐?"

희연이가 문구류를 잔뜩 들고 온 민준이에게 면박을 주자 민준이도 뒤질세라 한마디 했다.

"너는 설문지도 거의 안 돌렸으면서 인제 와서 큰소리냐? 초등학생 수준에서 보기 좋게 하면 되지, 꼭 컴퓨터로 하라는 법이 어디 있냐?"

"이래서 내가 너네랑 수준이 안 맞아."

희연이가 팔짱을 끼며 입을 삐죽거렸다. 그걸 보다 못한 태용이가 중재에 나섰다.

"또 시작이네. 어떻게 만나기만 하면 싸우니? 처음엔 나랑 민준이가 앙숙이었는데 이제는 너희 둘이 앙숙이네. 시간 없으니 어떻게든 정해서 하자."

"설문지 내용은 내가 많이 양보했으니까 이건 내 마음대로 할래.

그 설문지 뭉치 나한테 줘. 내가 집에서 해 올 테니까."

희연이가 낚아채듯 설문지 다발을 가지고 나가 버리자, 민준이와 태용이는 서로 어안이 벙벙해져 서로 마주 보았다. 이렇게 된 이상 그냥 희연이에게 맡겨두는 수밖에 없었다.

다음 주 화요일 아침, 하드보드와 우드락 등에 형형색색으로 결과를 정리한 통계 조사 포스터가 1층 정문 입구에 전시되었다. 5, 6학년을 통틀어 총 12개 팀이 출전했는데 그 중 세 팀이 5학년 2반이었다. 설문 조사 때는 별 관심을 보이지 않거나 설문에 응해 주기 싫어 도망 다녔던 아이들도 신기하다는 듯 구경하고 있었다. 별의별 주제가 다 있었다.

'가장 살고 싶은 나라 조사하기'부터 '급식 만족도 조사', '독서습관 조사' 같은 진지한 주제도 있었다. 그중에 가장 많은 아이들의 발길이 머무는 포스터는 기진이 팀 거였다. 보드판 설문지 때부터 아이들의 관심을 받아서 그런지 많은 아이들이 수상 결과를 궁금해했다. 기진, 예은, 호준 세 사람은 자기 팀 포스터 앞에 몰려 있는 아이들을 신기해하면서도 흐뭇하게 바라보았다.

전국 대회에 도전!

금요일 아침, 기진이는 밥을 먹는 둥 마는 둥 반쯤 얼이 나가 있었다.

"기진아, 밥이 코로 들어가겠다. 왜 그래? 오늘 통계 대회 결과 발표 날이라 긴장되어서 그러니?"

"네. 너무 떨려요. 우리 팀이 순위 안에 들 수 있을까요?"

"열심히 했잖아. 혹 상을 못 타더라도 너무 실망하지 마라. 최선을 다했으니. 게다가 이번에 호준이, 예은이 같은 좋은 친구도 생겼잖니?"

엄마가 기진이의 어깨를 감싸며 위로했다.

"그건 그렇지만요. 상을 못 타면 그 친구들이 실망할 것 같아요."

"끝까지 친구들 걱정이네."

엄마는 기진이 머리를 가볍게 쓰다듬으며 미소 지었다.

5학년 2반에는 팽팽한 긴장감이 흘렀다. 최다 팀이 출전한 반인 데다 포스터 전시 때도 세 팀 모두 주목을 받은 터라 수상 가능성이 높았다. 선생님도 오늘따라 목소리 톤이 높아져 있었다.

"두구두구두구······. 우리 반에 과연 수상 팀이 있을까요?"

"선생님, 뜸 들이지 말고 바로 발표해 주세요."

아이들의 원성이 자자하자 선생님은 머쓱한 듯 교탁으로 눈길을 돌렸다.

"수상 팀은 말이지······, 60초 후에 발표합니다."

"우~우~"

때 아닌 선생님의 장난에 아이들은 웃으면서 맞장구를 쳤다.

"자, 진짜 발표한다. 우리 반에 수상 팀이 두 팀이나 있어."

기진이 팀의 세 아이들은 차마 얼굴을 들지 못하고 책상을 뚫고 들어갈 기세였다. 민준이 팀과 윤서 팀 아이들의 얼굴에는 기대감과 실망감이 교차하고 있었다. 선생님 말대로라면 한 팀은 상을 못 탄다는 이야기였다.

"잠시 후에 시상식이 있을 예정이니까 윤서 팀과 기진이 팀 팀장은 교장실로 가도록."

수상에서 자기네 팀이 제외되자, 민준이는 머쓱한 표정으로 팀원들을 번갈아 바라봤다.

윤서는 발딱 일어나 달려 나간 반면 기진이는 뭉그적거리며 자리에서 일어나 교장실로 향했다.

누가 어떤 상을 타는지는 모른 채 떨리는 마음을 간신히 가라앉히며 교장실에 도착하자 교장 선생님이 밝게 웃으며 반겨 주었다. 평소 가까이서 볼 기회가 없어 막연히 대하기 어렵던 교장 선생님의 웃는 모습을 보자 윤서와 기진이는 어리둥절하면서도 기분이 좋았다. 거기에는 둘 말고도 서너 명이 긴장된 모습으로 서 있었다.

"다들 왔나요? 그럼 교내 통계 대회 시상식을 시작하겠습니다. 먼저 장려상부터 발표할게요. 5학년 2반 안윤서 팀, 6학년 1반 이슬기 팀, 6학년 5반 서용준 팀 앞으로."

교감 선생님의 호명을 받은 팀의 팀장들이 앞으로 나갔다. 장려상 대열에 서 있는 윤서의 얼굴에는 실망한 표정이 역력했다. 우수상은 두 팀이었다. 남은 건 최우수상인데 기진이만 빈손이다. 아이들의 눈길이 일제히 자기에게 꽂히자 기진이는 얼굴이 붉어지다 못해 귀까지 빨개졌다. 이제까지 사람들의 주목을 받아 본 적이 없던 터라 적잖이 곤욕스러웠다. 교실로 돌아가고 싶다는 마음이 간절해질 무렵이었다.

"다음은 최우수상 시상이 있겠습니다. 5학년 2반 성기진 팀의 팀장 성기진 앞으로."

'최우수상'이라는 호명 뒤에 기진이의 이름이 불리는 순간, 방송으로 지켜보던 5학년 2반 아이들이 큰 환호성을 지르는 게 들렸다. 기진이는 반사적으로 앞으로 나가 상을 받고 자리로 돌아왔다. 이게 꿈인가 생시인가 싶어 살짝 팔을 꼬집어 보았다. 아팠다. 역시 꿈은 아니었다.

"다들 교실로 돌아가도록. 수고가 많았습니다."

교장 선생님의 말이 환청처럼 들리던 기진이는 윤서의 뒤를 따랐다. 구름 위를 걷는 듯 발이 땅에서 2센티쯤 떨어진 느낌이었다.

교실에 도착하자 선생님이 얼굴 가득 미소를 띠며 크게 외쳤다.

"다들 박수! 준비 과정과 결과물을 전체적으로 다 평가한 결과예

요. 조사 과정과 결과 정리, 포스터 전시 그리고 팀워크 모두. 민준이 팀은 아쉽게 되었네. 팀워크와 포스터 전시에서 좀 낮은 점수를 받았더구나. 그래도 수고가 많았어. 민준이 팀에게도 박수 쳐 주자."

민준이는 태용이를 돌아보았다. 아쉬움이 역력한 표정이었지만 태용이는 민준이와 눈길이 마주치자 살짝 웃어 보였다. 반면에 희연이는 결과가 의외라는 듯, 어깨를 으쓱하며 결과를 받아들이지 못하는 모습이었다.

"이걸로 끝이 아니에요. 곧 전국 학생 통계 활용 대회가 있으니 최우수상을 탄 기진이 팀은 지금 만든 포스터의 설문을 더 보완해서 전국 대회에 도전하세요. 알겠죠?"

선생님이 별것 아니라는 얼굴로 씽긋 웃으시는 바람에 기진이 팀 아이들도 따라 웃었지만 속으로는 기쁨과 걱정이 교차했다. '어떻게 보완하지?' 벌써부터 세 사람의 머릿속에 약간의 부담감과 여러 생각이 뭉게구름처럼 피어오르기 시작했다.

"윤서 팀이랑 민준이 팀에서도 좀 도와주면 좋겠어. 학교를 대표해서 나가는 것이니만큼 아이디어를 보태 주면 어떨까?"

선생님의 제안에 윤서는 입을 삐죽였으나 아주 싫지는 않은 얼굴이었다. 민준이가 특유의 호탕한 웃음을 지으며 '넵. 예썰' 소리 높여 대답하자, 반 아이들도 따라 웃었다.

최우수상을 탄 기쁨도 잠시, 기진이 팀에는 비상이 걸렸다. 금요일 저녁, 세 사람은 사뭇 진지한 얼굴로 호준이네 거실에 모였다. 마침 지방 연구소에서 근무하던 호준이 아빠가 와 있었다.

"기진이, 예은이구나. 웰컴. 호준이 친구해 줘서 땡큐."

호준이 아빠의 말투에는 영어 억양이 강하게 섞여 있었다. 한국에 온 지 5년이 다 되어 가지만 주로 연구실에서만 생활하는 데다, 호준이 엄마나 호준이하고는 주로 영어로 대화해서 한국어가 빨리 늘지 않는다고 했다. 호준이 아빠는 전형적인 인도 사람의 모습이었다. 눈썹이 짙고 이목구비가 뚜렷하며 피부색은 짙은 갈색이었다.

"인도 사람 처음 만나지? 어때, 약간 무섭니?"

호준이 엄마가 간식을 가져다 놓으며 농담 투로 물었다.

기진이와 예은이는 어떻게 대답해야 할지 몰라 망설였다.

"괜찮아. 나도 처음에는 무서웠단다. 인도 여행을 갔다가 호준이 아빠를 만났어. 내 여행 가이드였거든. 가난한 학생이라 틈나는 대로 가이드를 해서 학비를 마련하고 있었지. 어찌나 친절하게 설명해 주던지 내가 저녁을 사게 되었단다."

"비코즈 아이 라이크트 유."

아빠가 엄마의 어깨에 팔을 두르며 끼어들자, 호준이가 질색을 하며 말렸다.

"또 시작이시라니까. 작작 좀 하세요들."

"실례지만 부모님이 결혼을 반대하지 않으셨어요?"

예은이가 조심스럽게 호준이 엄마에게 물었다.

"왜 아니겠어? 말도 못 하게 반대하셨지. 인도 사람이라고 더더욱 말리셨어. 그래도 호준 아빠를 한 번 만나 보시고는 곧 허락하셨어. 이 사람 공부 끝날 때까지 인도에 살다가 호준이가 일곱 살 되던 해에 한국에 취직이 돼서 왔는데, 우리보다 호준이가 고생을 많이 했어. 갑자기 한국말과 글을 배우는 것도 힘들었고, 한국 국적이 있어도 계속 외국인이라고 놀림을 받으니까 아마 더……."

호준이는 고개를 숙이며 엄마를 곁눈질로 흘겨보다 한마디 쏘아붙였다.

"난 차라리 인도에 사는 게 더 편했다고요!"

"그래, 엄마 아빠도 알지. 나중에 크면 다시 돌아가자. 공부도 거기서 하고. 그럼 우리는 비켜 줄 테니 회의 하렴."

잠시 분위기가 가라앉았다. 탁자에는 전에 없이 풍성한 간식이 놓여 있었지만 세 사람은 손도 대지 않았다. 잠시 후에 온 윤서와 민준이까지 다섯 명의 아이들은 머리를 맞대고 아이디어를 짜 내기 시작했다.

"설문 내용도 보완하고 조사 대상도 넓혀야 하지 않을까? 저번에는 5학년, 6학년만 주로 조사했잖아."

윤서의 낭랑한 목소리가 무거운 분위기를 깨자, 예은이가 고개를 끄덕이며 덧붙였다.

"맞아. 학교에서도 적극적으로 도와준다고 했으니까 전 학년으로 조사 대상을 넓히는 게 어때?"

"전교생을 대상으로 한다고? 그럼 거의 800명이 넘잖아."

민준이는 놀라 토끼 눈을 했다.

"음, 조사 방법을 다양하게 하면 불가능한 것도 아니야. 물론 800명이 다 참여한다는 보장은 없지만 목표를 최대한으로 높일 수는 있을 거야."

호준이가 의미심장한 표정으로 답하자, 모두의 눈이 그쪽으로 쏠렸다.

"어떻게, 몇 명이나?"

"요즘 저학년도 대부분 스마트폰을 쓰니까 SNS를 활용하는 거지."

"오올~"

아이들이 탄성이 쏟아졌다.

"저학년 중에는 아직 스마트폰 안 쓰는 아이들도 많던데. 조사 방법은 나중에 더 생각하기로 하고, 피부색에 대한 편견 결과를 저학년과 고학년으로 나누는 건 어때? 나잇대별로 어떻게 다른지 비교하는 것도 의미가 있을 것 같은데."

기진이가 덧붙이자 다시 한 번 '오올' 하는 감탄사가 터져 나왔다.

"야, 우리 다섯 명이 모이니까 어벤저스가 따로 없다."

예은이의 말에 다 같이 한바탕 웃음을 터뜨렸다.

한두 아이들이 아이디어를 내놓자 여기저기서 새롭고 진지한 아이디어들이 봇물 터지듯 쏟아졌다. 손이 빠른 윤서는 노트북에 친구들이 내놓는 생각들을 기록해 나갔다.

"작년에 전국 학생 통계 대회 초등부 부문에서 대상을 탄 팀의 포스터를 보니까 대단하더라. 우리도 이왕에 도전하는 김에 대상을 목표로 해야 하지 않을까?"

예은이가 야심 찬 포부를 밝히며 아이들에게 자료를 펼쳐 보이자 기진이가 얼른 대꾸했다.

"그건 너무 욕심 아니냐? 순위 안에 들기만 해도 어디야!"

"우리 아빠 말씀이 '호랑이를 잡으려고 마음을 먹어야 고양이라도 잡는다'고 하셨어."

"그게 무슨 말이야? 호랑이가 어디 있는데?"

호준이가 비유적 표현을 잘 못 알아듣고 진지하게 묻는 바람에 네 아이들은 배꼽을 잡고 웃었다. 그렇게 다섯 아이들은 웃고 떠드느라 시간 가는 줄도 몰랐다.

주말이 쏜살같이 지나가 버리고 월요일이 돌아왔다. 어느덧 5월 중순을 넘어 여름이 코앞으로 다가오고 있었다. 선생님이 다섯 사

람을 방과 후에 남으라고 했다. 아이들은 모두 교실에 옹기종기 모여 수다 꽃을 피우고 있었다.

"너희 다섯 명이 원래 친했던가? 분위기가 좋네."

선생님은 문을 열자마자 미소를 띠우며 말했다.

"그런데 어떻게 하지? 전국 학생 통계 대회 참가 팀의 정원이 세 명으로 제한되어 있대. 너희 중에 세 명만 신청할 수 있다는 말이지. 신중하게 생각해 보고 결정하도록 해."

"세 명 넘으면 안 되는 거예요? 우리 다섯 명이 다 같이 출전하면 좋겠는데요."

정이 많은 호준이가 유독 아쉬워했다.

"그래, 그 맘 이해하지. 그런데 아쉽게도 인원 제한이 있구나."

"저는 그럼 빠질래요. 여름 방학 때 단기 영어 연수를 가기로 해서 준비할 게 많거든요."

윤서의 칼 같은 성격이 드러나는 순간이었다.

"그렇구나. 그럼 이번엔 민준이가 마음을 정할 차례인가? 원래 기진이 팀 멤버 중에 빠질 사람은 없고?"

기진이는 예은이와 호준이를 번갈아 쳐다보았다. 두 사람은 당연하다는 듯 고개를 가로저었다. 그 모습을 지켜보던 민준이가 밝은 어투로 말문을 열었다.

"저는 어차피 잠깐 도와주기로 한 거니까 제가 빠질게요. 전 괜찮아요."

"역시 민준이는 호탕해."

"자, 그럼 본격적으로 준비를 해 볼까? 주말 동안 아이디어 좀 짜 봤니?"

윤서와 민준이가 자리를 비우자 기진이, 예은이, 호준이는 의자를 바짝 당겨 교탁 쪽으로 붙어 앉았다. 설문 내용 보충하기, 설문 조사 대상 늘이기, SNS로 조사하기, 저학년과 고학년으로 나눠 조사 결과 비교하기 등 주말에 나온 아이디어들을 꺼내 놓자 선생님은 적잖이 놀라워했다.

"굉장한데! 너희들한테서 통계 전문가의 기운이 풍기는구나, 하하. 6월, 7월 두 달 동안 열심히 준비해 보자. 그런 의미에서 우리 크로스 한 번 할까?"

선생님이 주먹을 쥔 채 오른팔을 내밀자, 세 사람은 반사적으로 팔을 내밀어 서로 교차했다. 누구 하나 웃는 사람 없이 비장한 모습이었다.

7월에 들어오면서 무더위가 시작되었다. 기진이 팀의 세 아이는 남들보다 두 배로 땀을 흘리는 것 같았다. 전국 학생 통계 대회를 준비한다는 핑계로 학교생활을 소홀히 할 수는 없는 노릇이었다. 하지만 마음은 온통 대회 생각으로 가득 차 있었다.

7월 둘째 주 월요일 오후, 담임 선생님이 세 아이를 호출했다. 간만에 모여 도란도란 모여 앉은 아이들은 말은 안 해도 반가운 기색이 역력했다.

"얘들아, 우리 다시 달려 볼까? 감이 약간 떨어졌을 테니 복습을 해 보자. 그때 우리가 설문 내용을 보충했어. 그렇지? 너희가 교내 대회에서 조사한 질문은 여섯 개였는데 열 개로 늘였고."

"네, 선생님 기억나요. 이건 제 생각인데요, 혹시 설문 조사를 두 부분으로 구성하면 어떨까요? 앞부분에서 피부색에 대한 편견이 있는지를 물어보고, 뒷부분에서는 그 편견을 줄이려면 어떻게 해야 할까 물어보는 식으로요."

호준이가 꽤 적극적으로 나서며 의견을 내놓았다.

"오호, 그거 아주 좋은 아이디어구나. 어떻게 그런 기특한 생각을 다 했……."

선생님은 고개를 들어 호준이를 칭찬하다가 호준이의 표정을 보더니 슬그머니 말꼬리를 흐렸다. 호준이는 그늘진 얼굴로 답했다.

"제가 늘 겪는 일이니까요. 아이들이 '시커미'라고, 너네 나라로 돌아가라고 놀릴 때면 진짜 속이 상했어요. 나중에는 그냥 무시하려고 했죠. 그런데 어느 날, 옆 반 유미가 엄마가 베트남 사람이라고 놀림을 당하는 걸 보고는 나 혼자만 참고 넘어가면 되는 문제가 아니구나 싶었죠. 그렇다고 제가 나서서 뭘 바꿔 볼 만한 힘이 없으

니 여전히 답답했어요."

이야기를 들으면서 기진이와 예은이가 슬그머니 호준이의 양 어깨를 토닥였다.

"그랬구나. 난 미처 몰랐어. 나는 네가 영어도 유창하게 잘하고 과학이든 수학이든 힘들이지 않고 척척 해내 부럽기도 했는데, 그런 힘든 일이 있을 수 있겠다는 생각은 못 해 봤네."

예은이가 신경 못 써 줘 미안하다는 듯 작은 소리로 말하자 호준이 볼이 발그레해졌다.

"녀석들, 대회 준비를 함께 하면서 확실히 친해진 모양이네. 훈훈하니 분위기 좋구나. 호준이가 생생하게 겪은 이야기니까 더 의미가 있는 것 같다. 문제는 어떤 식으로 질문을 만드느냐인데……. 앞부분과 뒷부분의 비중도 비슷하게 맞추어야 할 것 같고. 너희들 의견은 어때?"

"선생님, 그렇게 되면 질문이 너무 많지 않을까요? 앞부분 10개, 뒷부분 10개면 총 20개인데 조사할 때 시간도 많이 들어서 부담스러울 것 같아요."

"네, 저도 같은 생각이에요. 질문의 개수보다는 학년별로 더 많은 아이들이 고루 참여하는 게 중요하지 않을까 싶어요."

기진이의 말이 끝나기가 무섭게 예은이가 의견을 내놓았다.

"그래, 맞아. 선생님도 너의 말에 동의해. 그럼, 일단 설문지의 구성과 질문 개수부터 정리하자. 1부는 피부색에 대한 편견의 유무, 2부는 편견을 줄이는 방법에 대한 질문을 각각 5개씩으로 구성하는 게 어때? 총 10개인 셈이지."

"네, 좋아요."

셋이 입을 모아 답했다.

"그럼 그 부분은 됐고, 제일 중요한 건 질문 내용이야. 그 다음에는 어떻게 대상을 정할 것이냐이고, 그 후에는 응답률을 높이는 문제인데 그건 학교 측에서도 협조해 준다고 했으니 크게 걱정은 안 해도 되겠어."

아이들은 진지한 얼굴로 고개를 끄덕이며 선생님의 말을 한 단어도 놓치지 않으려 했다. 선생님의 얼굴에는 흐뭇한 미소가 떠나질 않았다.

"질문을 뽑아내는 작업이 가장 중요하니 내일까지 각자 2부 질문을 다섯 개씩 적어오도록 하자. 설문지 조사 마치고 포스터까지 만들려면 시간이 좀 빠듯하겠구나. 마감일이 7월 24일인 건 기억하고 있지?"

"네. 선생님, 전에 나온 의견 중에 저학년과 고학년을 비교하자는 이야기가 있었잖아요? 그 부분은 어떻게 하죠? 교내 대회 때는 4학년부터 6학년만 대상으로 했는데요."

예은이가 갑자기 눈빛을 날카롭게 빛내며 물었다.

"음, 그게 고민이 되는구나. 저학년들 대상으로 조사하기가 쉽지는 않을 텐데. 방법이 중요하겠어."

"저는 저학년과 고학년을 비교하면 좋을 것 같아요. 나이가 어린 아이들도 놀리긴 하는데요, 좀 순진해요. 아무래도 나이 많은 아이들이 상처를 주죠. 말도 심하게 하고요."

이번에도 호준이가 경험자로서 묵직하게 거들자 그쪽으로 분위기가 모아졌다.

"생각해 보니 호준이 말이 맞다. 나이가 어릴수록 편견이 적다고 볼 수 있겠지? 이번 조사가 우리학교 아이들이 어떤 성향인지를 확인하는 기회가 되겠구나. 조사 수준이 더 높아지겠는걸."

선생님의 웃자 아이들이 따라 웃으면서 진지하고 무거웠던 분위기가 사뭇 밝아졌다.

"오늘은 이 정도로 하고 내일 같은 시간에 모이자. 이만 해산."

호준이가 배에서 꼬르륵 소리가 나는 것도 모른 채 설문지와 씨름하고 있자, 엄마가 옆에 다가와 어깨를 다정하게 감싸며 물었다.

"호준아, 배고프지? 벌써 저녁 식사 시간이 훌쩍 지났어. 네가 워낙 집중하고 있기에 밥 먹으라는 소리도 못 했는데, 꼬르륵 소리가 거실까지 들렸지 뭐니?"

"네, 네? 설마요."

호준이가 뒷머리를 긁적이며 쑥스러워 하자 엄마는 귀엽다는 듯 바라보며 물었다.

"전국 학생 통계 대회라고 했니? 준비하느라 바쁜 모양이구나. 왜, 뭐가 잘 안 돼?"

"그게요, 제일 중요한 부분에서 막혔어요. 내일까지 피부색에 대한 편견을 줄일 수 있는 방법에 대한 질문 다섯 개를 적어 가야 하거든요."

"음, 쉽지 않겠구나. 네가 평소에 아이들한테 놀림 당하면서 이건 좀 고쳤으면 하는 게 있었을 거 아냐? 그런 것들을 일단 적은 다음에 질문으로 바꿔 보면 어떨까? 엄마도 같이 적어 볼까?"

"아니에요. 제가 해야 하는 거예요. 일단 배부터 채우면 생각이 잘 날 것 같아요."

호준이는 꼬르륵 소리가 나는 배를 움켜잡으며 냉큼 부엌으로 달려갔다. 엄마는 평소보다 두 배로 빨리 움직이는 아들을 뒤에서 바라보며 배꼽을 잡았다.

약속대로 다음 날 방과 후에 어제와 똑같은 자리에 네 사람이 모여 앉았다.

"그래, 어디 질문들 좀 뽑아 봤니?"

"선생님, 그게 말처럼 쉽지가 않아요. 피부색에 대한 편견을 묻는 질문은 쉽고 재미있게 구성했는데요. 편견을 고치거나 줄이는 방법을 묻는 질문은 어렵더라고요."

"네, 저도 똑같이 느꼈어요."

기진이가 먼저 볼멘소리를 하자 예은이도 이때다 싶었는지 적극 동의하고 나섰다.

"아무래도 그렇지? 애초부터 다섯 개는 무리였나? 호준이 너는 좀 해 봤어?"

"저도 놀림 당한 경험들을 떠올려 가며 질문으로 바꿔 보려고 해 봤는데요. 문장으로 만들기가 어렵더라고요."

호준이는 끼적끼적 적어 온 메모를 슬그머니 세 사람 앞으로 내밀었다.

'피자는 먹어 봤냐?', '어휴 무서워', '눈동자가 왜 이렇게 하얘?', '너네 아빠 돈 벌라고 한국에 온 거지?', '깜씨', '너네 나라로 가라', '공부 되게 못하게 생겼네', '쟤 아빠 부자인가 봐. 그니까 한국 여자랑 결혼하지', '너네 아빠 만수르냐?'

입에 담기에도 부끄러운 내용들이 적혀 있었다. 선생님을 비롯해 기진이와 예은이는 순간 얼굴이 확 달아오르는 기분이었다.

"막상 읽고 나니 진짜 생생하구나. 질문을 정말 잘 만들어야겠는 걸? 하하."

선생님은 속상한 티를 내지 않기 위해 헛기침을 한 번 하며 괜히 큰 소리로 웃었다.

"제가 평소에 바라는 건 이런 것들이에요. 지하철에서 뚫어져라 쳐다보지 않기, 어디서 왔느냐고 함부로 묻지 않기, 시커미나 깜씨 대신 이름으로 부르기. 이런 것들요."

"듣고 보니 별 거 아니네요. 그냥 평범하게 대해 달라는 거잖아요."

"아, 진짜 그러네요."

호준이의 바람을 안 예은이가 한마디로 정리해 버리자 기진이도 맞장구쳤다.

"그래 맞다. 문제는 그 별 거 아닌 목표를 이루려면 어떻게 해야

할지 질문으로 만들어 내야 한다는 건데……."

선생님은 깊은 생각에 잠긴 얼굴로 잠시 말을 멈췄다.

"아, 이건 어떨까요? 설문지 조사에 참여한 애들 중에 몇 명에게 직접 물어보는 거예요. '피부색에 대한 편견을 줄이는 방법이 뭐라고 생각합니까?' 이렇게요. 저희가 생각 못 한 대답들이 나올 수도 있잖아요."

기진이의 제안에 예은이와 호준이는 어리벙벙한 표정을 지었다. 의외로 선생님은 무릎을 탁 치며 온 얼굴에 함박웃음을 지었다.

"바로 그거야. 통계에서는 그걸 '심층 면담'이라고 부른단다. 직접 만나 이야기를 들어야 한다는 부담이 있지만 10명 정도만 서로 나눠서 물어보면 되니까 할 만할 거야. 오, 기진이 누나가 통계학과라더니 역시 뭔가 좀 다른 것 같은데."

기진이는 손사래를 치며 부끄러워했지만 선생님의 칭찬에 어깨가 한 뼘은 올라갔다.

다음 날부터 다시 설문 조사 대첩이 시작되었다. 이번에는 저학년까지 모두 조사해야 해서 부담이 두 배였다. 대신 이번에는 교장 선생님을 비롯해 학교에서도 적극적으로 밀어 준다는 점이 확실히 달랐다.

"다들 준비 됐니?"

"네, 물론이죠."

설문지 보드판을 든 기진, 예은, 호준 세 사람의 얼굴에는 비장함이 감돌았다.

"지난번에는 복도에 그냥 설치했지만, 이번에는 학년별로 진행할 거야. 각 반에서 10명씩 설문 조사에 참여할 아이들을 뽑아 달라고 미리 말씀드렸으니 학년별로 따지면 50명인 셈이지."

"선생님, 질문이 있는데요. 반별로 10명은 어떻게 뽑는 거예요? 그것도 중요하잖아요."

"역시 기진이가 날카롭구나. 제비뽑기로 10명을 무작위로 뽑아달라고 부탁드렸어."

"죄송한데 무작위가 무슨 말이에요?"

한자말에 약한 호준이가 민망한 듯 머리를 긁적이며 물었다.

"조사하는 사람의 편견을 배제하고 조사 대상에게 동등한 기회를 부여한다는 말인데……. 어이쿠 설명하다 보니 한자어 천지구나. 쉽게 말해 아무 편견이나 계획 없이 아무나 뽑아서 조사한다는 뜻이야."

"아 네, 좋네요. 편견에 대한 조사인데 편견이 들어가면 안 되잖아요."

"은근히 라임도 맞네."

호준이의 깔끔한 답변에 예은이가 재치 있는 농담을 보태자 모두 한바탕 웃었다.

"웃으니까 긴장이 좀 풀리지? 조사라는 게 얼굴에 철판을 좀 깔고 해야 해. 점심시간도 모두 반납해야 하고 말이지. 며칠 고생해 보자. 자, 크로스 한 번 할까? 통계 삼총사 크로스!"

"통계 삼총사 크로스!"

셋은 사뭇 부끄러워하면서도 선생님의 구호에 맞춰 오른팔을 맞대며 특공대 같은 기분을 맛보았다.

보드판 설문 조사를 하는 데에만 꼬박 6일이 걸렸다. 어떤 아이들은 흥미로워하며 흔쾌히 스티커를 붙이고 갔지만, 어떤 아이들은 짜증을 내며 마지못해 참여하기도 했다. 호준이를 힐끗 보며, '너 때문에 내가 이 고생이야'라며 독한 말을 던지는 6학년 형 때문에 심장이 쫄깃해지기도 했다.

우여곡절 끝에 1차 설문지 조사를 무사히 마친 세 사람은 흐뭇한 마음으로 선생님을 만나러 갔다.

"제일 어려운 관문을 마쳤구나. 기특하다."

"통계청에서 나온 인구 조사원의 고충이 팍 느껴지더라고요."

"저는 나중에 영업 사원은 못 하겠어요. 성공하기는 영 틀려먹었거든요."

예은이와 기진이가 엄살을 피우며 말했다.

"호준이는 어땠어?"

"솔직히 힘들었어요. 욕을 먹을 때는 그냥 포기하고 싶은 마음도 들더라고요. 다른 친구들하고 선생님을 생각해서 참았어요."

"그래, 아마 쉽지 않았을 거야. 호준이 장하구나."

선생님은 호준이 어깨를 다독여 준 후에 말을 이어 갔다.

"자, 이제 2차인 심층 면담이 남았지? 10명은 좀 적은 거 같아서 학교에 20명을 부탁드렸어. 시간이 드는 일이라서 지원자를 받으려고 해. 세 명이 나눠서 하면 6명이나 7명씩 하면 되겠구나. '피부색에 대한 편견을 줄이는 방법이 뭐라고 생각하나요?'라고 질문을 던지고 답변을 들은 후 메모해 오면 되는 거 알지? 방과 후에 상담실을 이용해 진행하기로 했으니까 일정을 잘 짜 보자. 조사 다 마칠 때까지 힘내라고 선생님이 떡볶이 사 줄게. 가자!"

떡볶이라는 말에 기진이를 비롯 예은이와 호준이 얼굴에 반짝 생기가 돌았다.

통계는 아름다워

시간은 어김없이 흘렀고, 7월 20일이 되었다. 최종 제출까지 불과 4일을 남겨 놓았다. 2차 조사까지 마친 세 아이는 기진맥진한 상태가 되었다. 조사 정리와 포스터 만들기를 남겨 놓고 에너지가 다 소진된 기분이었다. 정리 작업을 위해 아이들은 예은이네 거실에 모였다.

"얘들아, 나 죽겠어."

"나도."

"나도야."

예은이의 한마디에 기진이와 호준이도 덩달아 앓는 소리를 냈다.

"아이쿠, 통계 삼총사가 에너지가 다 떨어진 모양이다. 어떻게 보충해 줘야 하나?"

예은이 엄마가 쟁반 가득 간식을 만들어 들고 오면서 말했다.

"헉, 이게 다 뭐예요? 라볶이에 닭강정, 유부 초밥까지. 이걸 다 만드셨어요?"

기진이는 눈이 왕방울 만해져서 쟁반을 뚫어져라 쳐다봤다.

"제가 완전 좋아하는 메뉴들이네요."

호준이도 입이 귀에 걸리게 좋아하며 젓가락을 들었다.

"엄마는 뭘 그렇게 생색을 내고그래? 우리가 집에서 늘 먹는 거잖아."

예은이가 찡긋 윙크를 하며 사인을 보내자 엄마는 웃음을 쿡 참으며 말했다.

"그럼, 이 정도는 기본이지. 맛있게 먹고 마지막 마무리 잘 하렴."

"얘들아, 먹으면서 들어. 24일이 마감이야. 실물 포스터 제출은 8월 8월까지고. 4일 동안 조사 결과 정리해서 PPT(파워 포인트)나 PDF로 포스터를 만들어야 하는 거 알지? 우리가 일단 만들고 선생님한테 보여 드리자."

예은이가 대회 일정을 짚어 주자 다시 긴장감이 올라갔다. 기진이와 호준이도 얼굴에서 웃음기를 거두고 진지한 모드로 전환했다.

"포스터에 들어갈 내용을 정리해 보자. 작년에 대상 탄 팀의 포스터는 진짜 장난 아니더라. 주제 선정 동기, 사전 문헌 조사, 1차 조사, 2차 조사, 3차 실험, 결론. 진짜 화려하더라고."

3차 실험이라고?"

기진이가 작년 수상 팀의 포스터 내용을 소개하자 호준이는 놀라움을 감추지 못했다.

"응, 이 팀은 3차 실험까지 했더라고. 우리는 이 부분은 없으니까 빼면 되지."

"시작부터 주눅 든다, 야."

예은이가 어깨를 움츠리는 시늉을 했지만 표정에는 자신감이 묻어났다.

"상을 타면 좋겠지만 너무 욕심은 부리지 말자. 설마 작년 대상 팀을 목표로 삼는 건 아니……?"

호준이는 자신 없는 듯 말꼬리를 흐렸다.

"호준아, 너무 기죽지 마. 그냥 잘 만든 포스터를 참고하다 보니 그렇게 된 거야. 여기 보니까 〈귀신, 그것이 알고 싶다〉 이런 주제도 있더라. 처음엔 황당하고 생각했는데 결과 정리를 깔끔하게 해 놓으니까 그럴싸하던걸? 같이 보면서 이야기 할까?"

기진이는 누나에게 빌려온 노트북을 펴서 작년에 수상한 팀들의 포스터를 보여 주었다. 〈엄마, 우리도 늦게 자고 싶어요〉, 〈우리들의 일그러진 아침식사〉, 〈미래의 식량 자원 곤충: 먹어 보면 생각이 달라질걸?〉 등 듣기만 해도 웃음이 나는 주제의 포스터들이 많았다.

형식도 제각각이라 컴퓨터로 처음부터 끝까지 근사하게 만든 포스

터도 있고, 손으로 오리고 붙여서 정성스럽게 만든 것도 있었다. 급식이나 아침밥 같은 먹을거리에 대한 조사도 몇 개 눈에 띄었다.

"우리만 너무 진지한 거 아니야? 생각보다 가볍고 재미있는 주제가 많다."

이번에도 역시 호준이가 걱정스럽게 한마디 했다.

"우리 주제가 뭐 어때서? 진지해서 나쁠 건 없어. 일상생활과 밀접하게 관련되어 있잖아. 그런 거 저런 거 비교하면서 미리 기죽지 말

자. 참고 자료는 참고 자료일 뿐."

예은이의 야무진 한마디에 호준이는 머쓱한 표정을 지어 보이다가 이내 살짝 미소를 띠었다.

"자, 괜히 비교하면서 힘 빼지 말자. 우린 지금 시간이 없어. 조사 결과 먼저 표로 정리하고, 어떻게 포스터를 효과적으로 꾸밀 건지 아이디어를 짜 보자. 호준이가 파워 포인트를 잘 다룬다고 했지?"

"그건 내가 자신 있지."

세 사람은 나란히 닭강정을 하나씩 입에 문 채 노트북 화면을 뚫어져라 쳐다봤다.

"애 많이 썼구나."

이틀 후 마지막 준비 모임에서 선생님은 가벼운 칭찬으로 말문을 열었다.

"몇 군데만 손보면 되겠어. 나는 대학교에 들어가서 처음으로 파워 포인트로 낑낑대며 발표 자료를 만들었는데 너희는 초등학생 때부터 이 정도 실력이니 '격세지감'이 느껴지는구나."

"격세지감이 뭐예요?"

한자에 약한 호준이가 아리송한 표정으로 되물었다.

"아, 그거는 세월이 많이 바뀌었다는 말이야. 그러고 보니 선생님이 엄청 나이 들어 보이네. 하하."

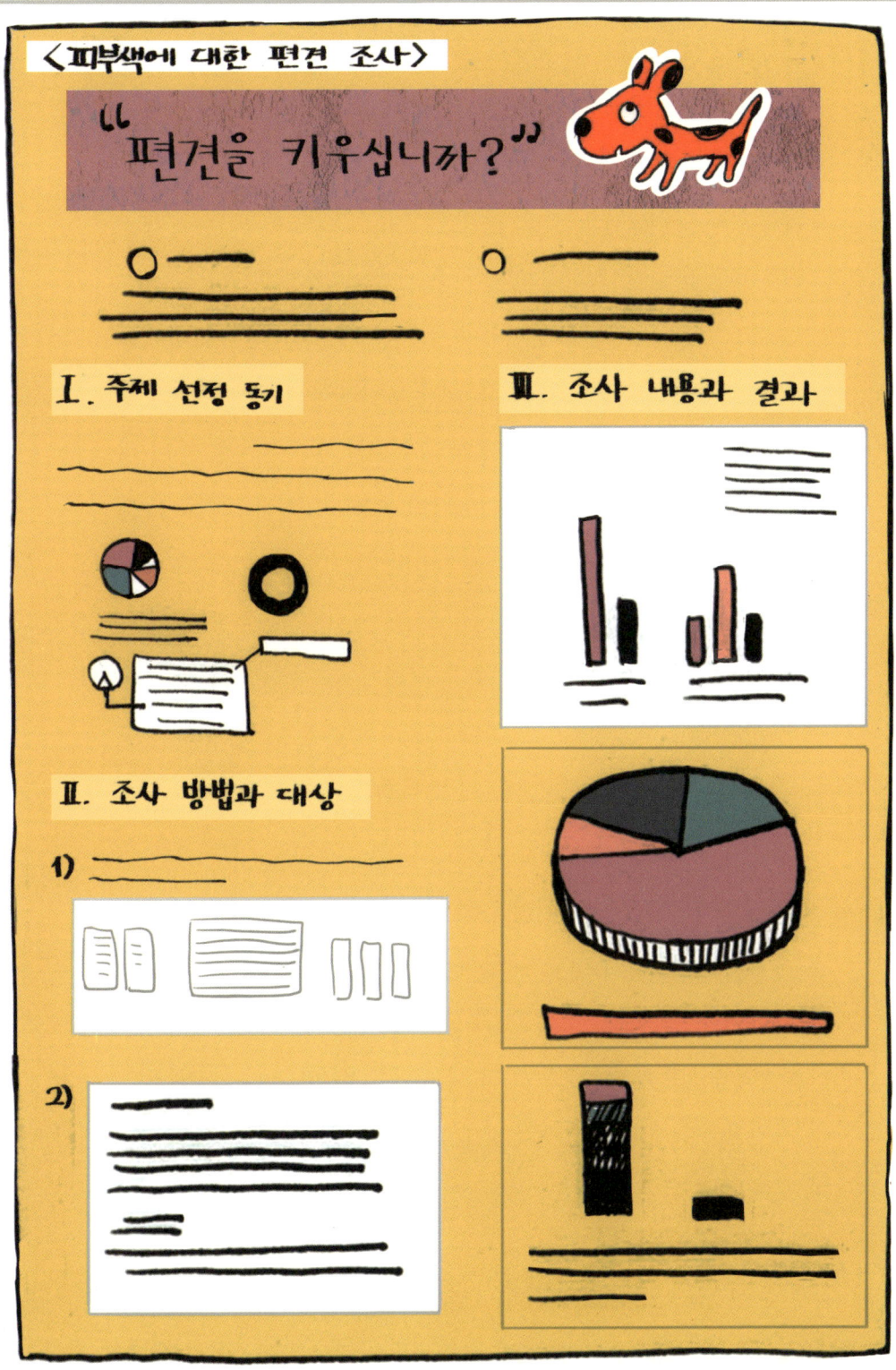

선생님은 괜히 말을 꺼냈다는 듯 민망한 표정을 지어 보였다.

"진짜 괜찮아요? 저희는 너무 걱정했거든요. 작년 수상 팀들의 포스터가 너무 화려해서요."

예은이가 안심 반, 걱정 반인 얼굴로 선생님에게 바짝 다가왔다.

"그래서 기가 좀 죽은 모양이구나. 겉모습도 중요하지만 결국 내용이 얼마나 충실하느냐가 중요하지. 내가 보기엔 우리 조사 내용이 결코 빠지지 않아. 컴퓨터 작업은 선생님이 조금 손봐 제출할 테니 너희는 이제 실물 포스터 준비에 들어가면 좋겠다. 2절지 크기로 만들려면 손이 많이 갈 거야."

8월에 접어들자 찜통더위가 기승을 부리기 시작했다. 가만히 앉아만 있어도 땀이 주르륵 흐르는 마당에 교실 한편에 옹기종기 앉아 오리고 붙이고 하느라 세 사람은 등짝이 축축하게 젖었다.

"역시 가위질에는 재주가 없어."

예은이가 투덜거리며 가위를 집어 던졌다.

"거의 다 했잖아. 힘내자. 나도 간만에 가위를 잡았더니 잘 안되네."

호준이가 서툴게 가위질을 하며 예은이를 얼렀다.

"가위질은 그래도 내가 제일 낫네. 페이퍼 크래프트라고 가위로 잘게 오려서 만드는 공예 놀이가 있는데 나 그거 잘 하거든."

봄부터 한여름에 이르도록 통계 대회로 자주 만난 덕분인지 세 사람은 꽤 친해졌다. 어린 시절 이야기도 나누고 취미 생활도 공유하는 등, 외톨이 시절은 온데간데없고 삼총사 분위기가 물씬 풍겼다.

"근데 이거 어떻게 제출하지? 크기가 커서 택배로 보내기는 어려울 것 같은데?"

예은이가 갑자기 주제를 바꾸자 호준이, 기진이가 가위질을 하다 멈칫했다.

"맞다. 그 생각을 못 했네. 선생님이랑 상의해야겠지? 야, 호준이 네가 전화 한번 드려 봐."

기진이의 요청에 호준이가 번호를 눌렀다.

"거의 다 했다고? 안전하게 제출하려면 아무래도 직접 방문해서 내는 게 좋은데, 문제는 통계청이 대전에 있다는 거야. 선생님이 하루 시간 낼 테니 너희 중에 누가 같이 갈래?"

생각지도 못한 일이라 잠깐 어안이 벙벙했다. 세 사람 중에 아무도 대전에 가 본 사람이 없었다. KTX를 타고 가면 불과 한 시간 거리라지만 한 번도 안 가 본 대전은 왠지 다른 나라처럼 멀게 느껴졌.

호기심이 발동한 예은이가 입을 뗐다.

"우리 다 같이 갈래? 방학이니까 짧은 여행 가는 셈 치고 말이야. 선생님도 같이 가시니까 부모님도 허락해 주시지 않을까?"

"뭐? 대전까지 간다고?"

평소에 먼 곳을 가 본 적이 없는 기진이가 난처한 표정을 지었다.

"어, 난 오케이. 서울 말고는 한국에서 별로 가 본 도시가 없어. 엄마도 오케이하실 것 같아."

호준이는 벌써 들떠 하는 눈치였다

"기진아, 너도 같이 가자. 이번 기회에 여행이란 걸 한번 해 봐."

예은이가 기진이를 부추겼다.

"음…… 난 낯선 곳 가는 거 무지 싫어해서……. 생각 좀 해 볼게."

8월 7일 아침 9시 반 서울역 대합실, 선생님과 예은이, 호준이가 초조한 표정을 지으며 계속 시계만 바라보고 있었다. 9시 40분 기차로 가야 하는데 아직 기진이가 나타나지 않았다. 마지막까지 고민하는 걸 간신히 설득했는데 그새 마음이 바뀐 모양이었다. 예은이는 입술이 바짝 탔다. 문자를 보내도 아무 답이 없자 그만 플랫폼으로 내려가려는데, 기진이가 숨이 턱에 닿도록 뛰어왔다.

"선생님, 죄송해요. 얘들아, 미안. 긴장돼서 잠을 설치는 바람에 늦게 일어났어."

"그래, 왔으니 됐다. 얼른 타러 가자."

선생님은 애써 부드럽게 말했지만 예은이는 톡 쏘아붙였다.

"문자에 답은 왜 안 하냐? 안 오는 줄 알았잖아!"

"미안. 정신 없이 나오느라 스마트폰을 놓고 왔어."

"들어가자. 기차 떠나겠어."

호준이가 예은이 등을 살짝 밀면서 씽긋 웃어 보였다.

대전은 생각보다 크고 복잡했다. 기차역에서 내린 네 사람은 택시를 타고 곧장 통계청이 있는 대전 정부 청사로 향했다. 포스터가 구겨질까 봐 세 아이는 차 안에서도 얼음처럼 꼼짝 않고 붙어 앉아 있었다. 택시가 멈추자 높은 건물이 눈앞에 떡 하니 등장했다.

"우아!"

누가 먼저랄 것도 없이 탄성을 터뜨렸다. 20층 정도 되어 보이는 건물이 햇빛을 받아 반짝이며 자태를 뽐내고 있었다. 세 아이들이 잠시 할 말을 잃고 멍 하니 서 있자 선생님이 재촉했다.

"자, 들어갈까? 포스터 제출부터 하고 나서 통계 전시관에 구경 가자. 나도 너희들 덕분에 처음 와 보는구나."

"우아, 통계 전시관도 있어요? 뭔가 재미있는 게 있을 것 같아요. 거기부터 가면 안 돼요?"

기진이가 잿밥에 더 관심을 보이자 예은이가 잡아끌었다.

"오기 싫다던 애가 더 난리네. 우선 숙제부터 해치우고 구경은 그 다음에."

옥신각신하는 두 사람을 지켜보는 재미가 쏠쏠한지 선생님과 호준이가 깔깔 소리 내 웃었다.

준비하는 데 걸린 시간과 노력, 대전까지 온 정성이 무색하게 포스터를 제출하는 데는 5분도 채 걸리지 않았다. 허탈한 마음이 들 정도였다. 네 사람은 허무한 마음을 달래기라도 하려는 듯, 앞 다투어 통계 전시관으로 향했다.

"이야, 여기 아주 옛날 통계 자료도 있어."

"여기 있는 통계 처리 기계들, 장난 아닌데."

"이쪽으로 와 볼래? 체험 공간도 있네."

유치원 아이처럼 들떠서 구경하는 기진이와 예은이를 선생님은 체험관으로 이끌었다. 체험관은 간단한 게임이나 퀴즈를 통해 통계를 알 수 있도록 꾸며져 있었다. 이미 통계의 세계에 발을 들여 놓은 터라 세 아이는 퀴즈를 척척 맞히며 즐거워했다. 전시관을 나오는 아이들의 손에는 기념품이 하나씩 들려 있었다.

"어땠어? 재밌었니?"

"완전히요. 통계 전시관이 이렇게 재밌을 줄 몰랐어요."

눈이 반짝이는 호준이를 바라보며 선생님은 미소를 지었다.

"저도요. 오길 잘했어요."

기진이도 한마디 거들었다.

"내가 뭐랬니? 방에 콕 박혀 있었으면 후회했을걸."

핀잔을 주는 예은이의 목소리가 부드러웠다.

"녀석들, 통계 삼총사답구나. 장담하건대 너희가 통계 대회 준비를 안 하고 여기에 왔더라면 아마 이곳은 무지 지루한 전시관이었을걸."

"하하하."

세 아이는 동의하는 의미로 한바탕 웃어 젖혔다.

"대전까지 왔으면 유명한 빵집에 가 봐야지. 빵은 선생님이 쏜다."

"진짜요? 헤헤, 저 빵순인데."

"저는 그럼 빵돌이요."

예은이와 호준이가 덩달아 선생님의 팔짱을 끼며 발걸음을 재촉

하는 바람에 선생님은 떠밀리는 듯 거리로 내몰렸다. 기진이도 은근히 좋아하며 뒤를 따랐다.

드디어 전국 학생 통계 활용 대회 수상작을 발표하는 날이 돌아왔다. 대전에 다녀온 후부터 아이들은 일부러 신경을 안 쓰려고 노력했다. 간혹 셋이 문자를 주고받을 때도 외할머니 댁에 다녀온 이야기나 물놀이 하고 온 이야기 같은 시시한 이야기만 나눴다.

하지만 막상 발표일이 되니 아침부터 긴장감이 감돌았다. 예은이는 눈을 뜨자마자 인터넷에 들어가 보았다. 아직 발표가 나지 않았다. 예은이는 기진이와 호준이에게 톡을 보냈다.

> 너네 뭐 하고 있어? 아직 발표 안 났더라.

> 너도 들어가 봤구나.

> 우리 상 못 타도 너무 실망하지 말자.

기진이와 호준이의 톡에서도 긴장한 기색이 역력했다.

> 먼저 알게 된 사람이 모두에게 알려 주기.

예은이의 톡을 마지막으로 잠잠해졌다. 저녁 6시가 다 되었을 즈음, 세 사람이 거의 동시에 선생님에게 문자를 받았다.

> 축하한다. 은상이야.

예은이는 잠깐 아쉬운 듯 샐쭉한 표정을 짓더니 이내 환한 미소를 띠었다. 호준이는 곧장 엄마에게 달려가 기쁜 소식을 알렸다. 기진이는 울컥해서 잠시 멍하게 앉아 있다가 누나의 방문을 두드렸다.
"누나, 우리 은상 먹었대!"
"축하해! 역시 누나의 가르침이 헛되지 않았구나. 소감이 어때?"
"나 통계학자가 될까 봐. 통계가 수학보다 아름다워."
"통계학자는 뭐 아무나 되니? 누나 정도 실력은 되어야지."
기진이는 누나에게 가볍게 꿀밤을 먹으면서도 연신 싱글벙글 웃고 있었다. 선생님이랑 예은이, 호준이와 언제 만나 축하 파티를 할까 생각하니 입꼬리가 점점 올라가 귀에 걸릴 지경이었다.

> 저자의 말

통계,
전혀 어렵지 않아요!

　통계라는 단어를 들으면 어떤 생각이 먼저 떠오르나요? 아마 많은 어린이가 어렵다, 복잡하다, 지루하다고 답할 거예요. 통계의 입장에서 보면 무척 억울한 일이 아닐 수 없죠. 알고 보면 우리가 통계랑 항상 숨 쉬고 먹고 자고 생활하고 있거든요.

　세상을 발전시키는 모든 연구의 70% 이상은 통계를 이용한다고 해도 과언이 아니에요. 최근 유행처럼 출시되는 인공지능 기기들도 통계 수치가 쌓여 있지 않으면 활용이 불가능하지요. 그런데 통계가 어느 날 갑자기 사라진다면? 아마 학자들은 땅을 치며 울 거예요. 마치 목수에게서 톱과 망치를 빼앗아 가는 것과 마찬가지니까요.

　우리 실생활과 떼려야 뗄 수 없는 통계를 어떻게 하면 쉽고 재밌게 느끼게 할까, 이런 고민에서 《우리는 통계 삼총사》가 출발했답니다. 아무래도 이야기로 풀어 가면 술술 자연스럽게 읽히지 않을까 생각했어요. 게다가 교내 통계 대회라는 소재를 덧붙이면 긴장감도 더해지겠다 싶었죠. 실제로 매년 통계청 산하 통계교육원에서 전국 학생 통계 활용 대회를 여니까 현실감도 높아지겠고요. 다음 고민은 어떤 주제로 통계 조사를 할까였어요. 엉뚱하고 특이한 주제도 많지만 여러분이 이 기회에 한 번쯤 깊이 생각해 볼만 한 주제면 더 좋겠다는 결론에 이르렀죠.

　민준이 팀의 〈비만과 학업 성적의 관계〉, 윤서 팀의 〈여성의 사회 고위직 진출에 대한 인식〉, 기진이 팀의 〈피부색에 대한 편견〉 모두 최근 들어 우리 사회에서 많이 논의가 이루어지는 주제들입니다. 교내 통계 대회를 준비하며 조사를 해 나가는 과정에서 세 팀 모두 의외의 선물을 얻습니다. 여러분도 용기 내서 전국 학생 통계 대회에 한번 도전해 보면 어떨까요? 마음 맞는 친구들과 관심 있는 주제를 정해 조사해 보세요. 아마 세상이 다르게 보이기 시작할 거예요.

   막연하게 짐작만 했던 현상을 논리적으로 풀어내 유용한 정보를 제공한다면 보람과 스릴, 두 마리 토끼를 다 잡을 수 있겠지요? 《우리는 통계 삼총사》가 하는 대로 따라하면 된답니다. 전~혀 어렵지 않아요.

박진숙

스토리텔링 가치토론 교과서 03

통계는 명탐정

통계 자료를 모으고 해석할 줄 알면 누구나 명탐정이 될 수 있어요!

★ 통계청 추천도서

03 어린이를 위한 통계란 무엇인가
신지영, 김대현 글 | 홍정선 그림 | 136쪽 | 9,000원 | 통계청 추천 및 감수

통계 할머니가 들려주는 생활 속 진짜 통계 이야기!

축구 연습을 하다가 이웃집 유리창을 깬 성범이는
고민 끝에 용기를 내 초인종을 눌렀다. 그런데 벨 소리만 듣고도
성범이를 알아맞히는 귀신 같은 할머니가 나왔다!
전교 회장 당첨 확률부터 분식집의 인기 메뉴 고르기,
전염병의 원인 파악하기, 놀이터의 불량배 퇴치 방법까지,
통계 할머니의 알아맞히는 능력은 과연 어디까지일까?

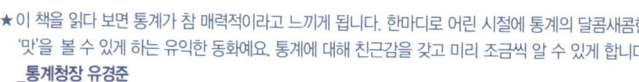

★ 이 책을 읽다 보면 통계가 참 매력적이라고 느끼게 됩니다. 한마디로 어린 시절에 통계의 달콤새콤한 '맛'을 볼 수 있게 하는 유익한 동화예요. 통계에 대해 친근감을 갖고 미리 조금씩 알 수 있게 합니다
_통계청장 유경준

★ 추리 동화도 아닌데, 책 속 에피소드가 모두 흥미진진하다. 따분한 숫자들의 나열도 없다. 꽁꽁 숨겨져 있던 통계의 매력을 발견하게 되는 책 _소년조선일보

★ 짧은 이야기마다 통계 용어와 활용법 등을 자연스럽게 넣어 통계를 이해하고 익힐 수 있다
_소년한국일보

스토리텔링 **가치토론교과서의 다른 책**

01 어린이를 위한 정치란 무엇인가
이은재 글 | 김지안 그림 | 신재일 도움글 | 168쪽 | 10,000원

도현이네 학교에서 전교 회장 선거가 시작되자 6학년 도현이와 영교, 지윤이, 경민이 등이 후보로 나온다. 아이들은 회장 선거를 치르는 과정에서 여러 갈등을 겪으며 정치의 기초를 배운다.

2013 국립어린이청소년도서관 사서 추천도서
2013 학교도서관사서협의회 추천도서

02 어린이를 위한 정의란 무엇인가
안미란 글 | 정진희 그림 | 조광제 도움글 | 192쪽 | 9,500원

큰내초등학교 아이들은 가난한 친구에게 늘 나눠 주는 일이나 학원에 친구를 소개하는 대가로 상품권을 타는 일이 옳은 일인지 아닌지 등 정의로운 판단이 무엇인지 고민하며 정의의 개념을 배운다.

2011 문화체육관광부 우수교양도서
2011 소년한국일보 신학기 추천도서
2012 학교도서관사서협의회 추천도서